Sociologie critique des indemnisations au Cameroun

Cas de Lom Pangar, Mekin et Kribi

Samuel-Béni ELLA ELLA, Fidélie MENDOUGA
et Pierre NKOU ABINA

Sociologie critique des indemnisations au Cameroun

Cas de Lom Pangar, Mekin et Kribi

Préface de Valentin Nga Ndongo

L'Harmattan
Cameroun

5-7, rue de l'Ecole-Polytechnique, 75005 Paris

http://www.editions-harmattan.fr

ISBN : 978-2-343-23864-7
EAN : 9782343238647

« L'avancement des sciences sociales doit être considéré comme la condition d'une évaluation permanente de la pertinence et de l'efficacité des actions de développement entreprises. On peut penser que *beaucoup d'erreurs auraient pu être évitées dans les stratégies nationales et internationales du développement si les décideurs avaient pris en considération le point de vue des sciences sociales au moment opportun* », rappelle J-M. ELA (1998 : 233), citant le Directeur Général de l'UNESCO, Frédérico MAYOR, à la conférence des Nations unies sur les pays les moins avancés.

À tous les paysans non-indemnisés de Kribi,
Lom Pangar et Mekin.

COMITÉ SCIENTIFIQUE DE L'OUVRAGE

1. Valentin NGA NDONGO (Prof, université de Yaoundé 1), expert et préfacier.
2. Jean NZHIE ENGONO (Prof, université de Yaoundé 1), président du jury de soutenance du mémoire de master de F. MENDOUGA (co-auteur).
3. Célestin TAGOU (MC, université protestante d'Afrique centrale), président du jury de soutenance du mémoire de master de P. NKOU ABINA (co-auteur).
4. Rév Jules ELOM NANGA (MC, université protestante d'Afrique centrale), examinateur du jury de soutenance du mémoire de master de P. NKOU ABINA (co-auteur).
5. Samuel-Béni ELLA ELLA (MC, université de Yaoundé 1), co-auteur, directeur des mémoires de master de P. NKOU ABINA et de F. MENDOUGA (co-auteurs).
6. Albert NNA NTIMBAN (CC, université de Yaoundé 1), examinateur du jury de soutenance du mémoire de master de F. MENDOUGA (co-auteur).
7. Pierre François EDONGO NTEDE (MC, université de Yaoundé 1), expert et relecteur.

REMERCIEMENTS

La quête du savoir étant une collecte, à laquelle chacun apporte sa part, qu'il nous soit permis d'adresser ici nos très sincères remerciements à tous ceux, dont les conseils scientifiques et les soutiens divers ont aidé à rassembler les données de cet ouvrage.

Au comité scientifique de l'ouvrage, pour l'examen approfondi et la validation scientifique des travaux universitaires ayant conduit à la réalisation de cet ouvrage.

Au Prof Valentin NGA NDONGO, ex-chef de Département de sociologie de l'université de Yaoundé 1, pour avoir accepté d'expertiser et de préfacer cet ouvrage.

À tous les relecteurs du manuscrit de cet ouvrage, pour leur travail approfondi. Il s'agit notamment de : Pr Jean Claude ABADA MEDJO (langue française) ; Pr Pierre François EDONGO NTEDE (anthropologue) ; Thaddée Xavier OWONA BIDI (doctorant en sociologie) ; Mme Justine NDEDI (Inspecteur-Coordonnateur Régional, PLEG de français) ; Jean-Blaise MINSO (PLEG de philosophie, élite de la localité de Mekin, village Ekok).

À Monsieur le Ministre Louis Paul MOTAZE et son épouse Aïssa MOTAZE, qui ont financé les enquêtes de terrain réalisées sur le site de Kribi (Kribi, Mboro et Lolabé).

Aux sieurs Pierre NGASSA CHUBA, Didier CHUBA LEUNGA et à tous les distingués membres des familles, qui ont financé les enquêtes de terrain réalisées sur les sites de Lom Pangar et de Mekin.

À Jean-Blaise MINSO et sa famille, pour les facilités et l'aide apportées pendant notre séjour sur le site de Mekin ; et à NDONGO ZE, notre guide d'enquête sur ce site.

À toutes les personnes-ressources, notamment : les responsables des projets structurants de Kribi, Lom Pangar et Mekin ; les acteurs institutionnels en fonction à Kribi et à Bertoua, et surtout les chefs traditionnels et les populations expropriées de Lom Pangar, Mekin et Kribi (Mboro et Lolabé), pour les informations mises à notre disposition.

À tous ces contributeurs et à tous ceux que nous n'avons pas pu citer nommément, nous disons enfin INFINIMENT MERCI.

LISTE DES ABRÉVIATIONS, ACRONYMES ET SIGLES

ADD	Alternatives pour le développement durable
AID	Association internationale de développement
AFD	Agence française de développement
AGR	Activité génératrice de revenus
AMGI	Agence multilatérale de garantie des investissements
ASSEJA	Association enfants, jeunes et avenir
BICEC	Banque internationale pour le commerce, l'épargne et le crédit
BIRD	Banque internationale pour la reconstruction et le développement
BIP	Budget d'investissement public
B.M	Banque mondiale
CC	Commission consultative
CCE	Commission de constat et d'évaluation
Cf.	*Confer* (se référer à ce qui suit)
CIRDI	Centre international pour le règlement des différends relatifs aux investissements
CIPK	Complexe industrialo-portuaire de Kribi
CONAC	Commission nationale anti-corruption
COTCO	*Cameroon Oil Transportation Company*

DSCE	Document de stratégie pour la croissance et l'emploi
DSRP	Document de stratégie de réduction de la pauvreté
DUP	Déclaration d'utilité publique
EIES	Étude d'impact environnemental et social
EDC	*Electricity Developement Corporation*
FCFA	Franc de la coopération financière en Afrique (pour l'Afrique centrale)
FMI	Fonds monétaire international
gr	Gramme
GTS	Groupe technique de santé
ha	Hectare
INS	Institut national de la statistique
Kg	Kilogramme
Km	Kilomètre
LEFE	Ligue pour l'éducation de la femme et de l'enfant
m^2	Mètre carré
ml	Millimètre
MC^2	Mutuelle communautaire de croissance
MINAC	Ministère des Arts et de la Culture
MINADER	Ministère de l'Agriculture et du Développement rural
MINATD	Ministère de l'Administration territoriale et de la Décentralisation
MINDCAF	Ministère des Domaines, du Cadastre et des Affaires foncières

MINDUH	Ministère du Développement urbain et de l'Habitat
MINEP	Ministère de l'Environnement et de la Protection de la Nature
MINEPAT	Ministère de l'Économie, de la Planification et de l'Aménagement du Territoire
MINEPIA	Ministère de l'Élevage, des Pêches et des Industries animales
MST/IST	Maladie sexuellement transmissible/ Infection sexuellement transmissible
OD	*Operational Directive*
ONG	Organisation non gouvernementale
OP	*Operational Policy*
OUA	Organisation de l'unité africaine
PAR	Plan d'action de réinstallation
PAS	Programme d'ajustement structurel
PAP	Personne Affectée par le Projet
PED	Pays en développement
PFNL	Produit forestier non ligneux
PGES	Plan de gestion environnementale et sociale
PIB	Produit intérieur brut
PIR	Plan d'indemnisation et de réinstallation
PLEG	Professeur de lycée d'enseignement général
PPTE	Pays pauvre très endetté
PVD	Pays en voie de développement
RDPC	Rassemblement démocratique du peuple camerounais
ROLOM	Réseau des ONGs du Lom et Djérem
sd	Sans date

SFI	Société financière internationale
TCS	Tribunal criminel spécial
UNESCO	*United Nations Educationnal, Scientific and Cultural Organization* (Organisation des Nations unies pour l'éducation, la science et la culture)
UO/CIPK	Unité opérationnelle du complexe industrialo-portuaire de Kribi

SOMMAIRE

INTRODUCTION GÉNÉRALE
Samuel-Béni ELLA ELLA 23

Première partie LA POLITIQUE CAMEROUNAISE DES INDEMNISATIONS 31

CHAPITRE 1er LA LÉGISLATION CAMEROUNAISE RELATIVE À L'INDEMNISATION POUR CAUSE D'EXPROPRIATION
Fidélie MENDOUGA et Pierre NKOU ABINA 35

CHAPITRE 2 LES STRATÉGIES CAMEROUNAISES D'INDEMNISATION DES POPULATIONS EXPROPRIÉES À KRIBI, LOM PANGAR ET MEKIN 71
Fidélie MENDOUGA et Pierre NKOU ABINA 71

Deuxième partie SOCIOLOGIE CRITIQUE DES INDEMNISATIONS DE KRIBI, LOM PANGAR ET MEKIN 123

CHAPITRE 3 LES CONFLITS LIÉS AUX INDEMNISATIONS DE MBORO ET LOLABÉ (KRIBI)
Pierre NKOU ABINA 127

CHAPITRE 4 UN PAYS, DEUX SYSTÈMES D'INDEMNISATION : LES INCIDENCES LIÉES AUX INDEMNISATIONS DES PROJETS STRUCTURANTS DE LOM PANGAR ET MEKIN
Fidélie MENDOUGA 159

EN GUISE DE BILAN : L'IMPORTANCE CRUCIALE DE L'EXPERTISE PSYCHO-SOCIO-ANTHROPOLOGIQUE DANS LES PROCÉDURES D'INDEMNISATION
Samuel-Béni ELLA ELLA 227

BIBLIOGRAPHIE 243

PRÉFACE

Il nous fait grand plaisir d'avoir à préfacer, c'est-à-dire d'ouvrir (du latin *prae, fari,* avant, parler) le présent ouvrage qui se pose, à brûle-pourpoint, comme une implacable réfutation, au sens poppérien du concept, *une brillante défense et illustration de l'utilité pratique de la sociologie*, science, pour faire bref, des faits sociaux et des dynamiques sociales ainsi que des rapports interindividuels.

Cette publication collective porte sur l'éloge, on va dire, d'un paradigme majeur de cette science de l'interaction sociale, à savoir la *sociologie critique*, appliquée à une pratique administrative qui est l'indemnisation des populations de Lom Pangar, Mekin et Kribi, dans le cadre des projets dits structurants au Cameroun (régions de l'Est et du Sud).

Le mérite immédiat et premier de cette étude est donc d'avoir placé le lecteur au cœur même de la sociologie, tant il est vrai, et nous l'avons souvent souligné, à la suite d'illustres prédécesseurs (les constructivistes, en l'occurrence), que *la science de Weber est critique ou n'est pas*. En effet, s'enracinant dans la tradition théorique initiée par l'Ecole de Francfort des années 1930, la *sociologie critique* repose sur deux principaux postulats, l'un téléologique (du grec *teleos*, finalité), l'autre épistémologique (*epistemè*, science).

S'agissant du postulat *téléologique*, Georges Balandier, éminent continuateur de l'Ecole de Francfort, le créateur de la sociologie critique, nous rappelle fort à propos que « les sociétés ne sont pas toujours ce qu'elles paraissent être ; elles sont hypocrites ; elles cachent leur jeu ». D'où la nécessité de les interpréter à deux niveaux, l'un visible, superficiel, officiel ; l'autre, latent, où se dissimulent les véritables dynamiques, stratégies et enjeux des acteurs. Il est, par conséquent, conseillé au chercheur, d'éviter l'observation spontanée, de ne pas se contenter de rendre compte de ce qui est montré à voir, surtout par les agents sociaux dominants, en fait, de pratiquer ce que Balandier qualifie lui-même de « *sociologie du soupçon* ». Cela est possible, second postulat, *épistémologique*, grâce à l'interdisciplinarité, qui donne au "savant", pour emprunter à l'auteur de *Le suicide. Étude de sociologie*, une vue holiste, systématique et synoptique de la réalité, comme ont pu y parvenir les membres de l'École de Francfort ayant regroupé sociologues, philosophes, psychologues, etc.

S'étant inscrits dans cette mouvance scientifique, les auteurs de l'ouvrage ici préfacé ont été tout aises de mettre en lumière l'importance capitale, mais souvent minorée, des sciences humaines (sociologie, anthropologie, psychologie, entre autres), dans les opérations de préparation des indemnisations, tout en relevant les incohérences et autres incongruités entourant ces opérations, parmi lesquels, la corruption des autorités traditionnelles ou administratives, les conflits entre celles-ci et les populations, la déstructuration des familles des bénéficiaires, la faillite des élites locales… Cet ouvrage, dès lors, apparaît comme une invite, à peine dissimulée, notamment aux décideurs (la distanciation scientifique n'excluant nullement l'engagement honnête), à une intégration, dans ce genre d'intervention sur le terrain social, des « sciences de l'homme » (Saint-Simon), tant ce "zoon politikon", cet être social d'Aristote devrait constituer, selon Protagoras, la "metron anthropos", la mesure de toute chose, de toute action. Pourvu, cependant, que ce *pertinent plaidoyer scientifique*, si l'on ose dire, soit entendu, dans ce contexte de prédilection de ce que le "camerounologue" bien connu, Jean-François Bayart, appelle "homo manducans", un homme mu par une sorte d'« idéologie du ventre ».

Il nous reste, malgré tout, à souhaiter, au large public-cible de cette étude, une agréable, pondérée et épicurienne consommation de cette enivrante ambroisie de *sociologie critique*.

Yaoundé, le 3 juin 2020.

Professeur Valentin Nga Ndongo
Sociologue africain

INTRODUCTION GÉNÉRALE

Samuel-Béni ELLA ELLA

Depuis la période post-coloniale, de nombreux *projets*[1] et *programmes de développement*[2] ne cessent de contraindre les paysans camerounais aux déplacements involontaires, moyennant des indemnisations. Ce phénomène devient de plus en plus récurrent avec la réalisation des *projets structurants*[3]. Depuis les années 2000, les projets structurants constituent la vision du chef de l'État actuel, S.E. Paul BIYA, qui se matérialise sur le terrain par le biais des politiques des « grandes ambitions » (2004-2011), des « grandes réalisations » (2011-2018), et maintenant des « grandes opportunités » (depuis octobre 2018). Au moment où le Cameroun s'engage donc à impulser son *développement*[4] au moyen des projets structurants, plusieurs questions peuvent retenir l'attention du chercheur en sociologie. Aussi le choix du présent thème de recherche naît-il des différents litiges et débats observés autour de la question des indemnisations des populations riveraines des projets structurants au Cameroun.

---

[1] Un *projet de développement* désigne l'ensemble coordonné des *moyens réunis* (financiers, humains, matériels, organisationnels…), pour atteindre des *objectifs spécifiques* préalablement fixés pour une *durée déterminée*.

[2] Un *programme de développement* est un ensemble ou une série de *projets de développement*, dont les *objectifs spécifiques* contribuent à un *objectif global commun*, aux niveaux régional, national et international.

[3] *Projets de grande envergure*, appelés aussi *opérations de développement*.

[4] Un *processus culturel* d'amélioration *continue* du *bien-être collectif* aux plans politique, économique, social, humain et écologique.

Pour réduire la pauvreté à un niveau socialement acceptable et assurer une croissance forte et durable de l'économie camerounaise, l'État a mis sur pied une *politique économique*[5], connue sous le nom de *Document de stratégie pour la croissance et l'emploi* (DSCE). Le DSCE est la boussole sur laquelle le Cameroun adosse ses projets et programmes de développement. La stratégie de croissance, qui est développée dans la première phase du projet d'*émergence*[6] du Cameroun, à travers le DSCE (2010-2020), se fonde sur le développement et la modernisation des infrastructures, le développement humain, l'intégration régionale et le financement de l'économie. Ainsi, pour le DSCE, le développement du Cameroun passe par certains préalables, notamment la mise en œuvre des projets structurants, dont les projets de construction des barrages hydro-électriques de Lom-Pangar, de Mekin et du complexe industrialo-portuaire de Kribi (carte 1), entre autres. Si ces projets sont présentés au départ comme les piliers du développement du Cameroun, il faut relever, cependant, que leur mise en place nécessite souvent que des populations, et même des villages entiers soient déplacés. Cela peut inévitablement déboucher sur quelques tensions. Aussi, pour éviter les conflits et préserver la paix, la législation camerounaise a-

[5] La *politique économique* ou *politique de développement* est l'ensemble des *orientations* prises et des *stratégies* adoptées par les *décideurs* nationaux, régionaux ou locaux pour favoriser des *transformations* politiques, économiques, sociales et écologiques. Cinq politiques économiques ont été mises en œuvre au Cameroun depuis 1960, à savoir : les *plans quinquennaux de développement* (1961-1987) ; les *PAS* (1988-2003) ; le *DSRP* (2004-2009) ; le *DSCE* (2010-2019), et maintenant la *stratégie nationale de développement du Cameroun* (2020-2030).

[6] Les *pays émergents* constituent l'ensemble des PED ayant amorcé une *croissance forte du produit intérieur brut (PIB) par habitant* et une *dynamique d'exportations de produits manufacturés* depuis les années1980.

t-elle prévu des indemnisations dans le cadre des expropriations pour cause d'utilité publique. Dès lors, la mise en œuvre d'un projet structurant nécessite au préalable une *étude d'impact environnemental et social* (EIES), qui évalue les risques et coûts que la société concernée doit subir dans tous les aspects, afin d'amener les décideurs à prendre des actes responsables.

En principe, selon l'article 544 du *Code civil* camerounais, « *nul ne peut être contraint de céder sa propriété, si ce n'est pour cause d'utilité publique, et ceci moyennant une juste et préalable indemnité* ». L'*expropriation pour cause d'utilité publique* constitue alors une atteinte au caractère absolu du *droit de propriété,* et se définit comme : « *une opération administrative par laquelle l'État oblige un particulier à lui céder la propriété d'un immeuble dans un but d'utilité publique et moyennant une juste et préalable indemnisation* »[7]. D'après l'article 2 de la loi du 4 juillet 1985[8], cette forme d'expropriation ouvre droit à une *indemnisation préalable.* Le bénéficiaire de l'expropriation (État, entreprise publique) est tenu de payer les indemnisations des biens détruits par le projet avant le déplacement des populations. Or, tous les paysans concernés par les expropriations, effectuées dans le cadre de ces projets structurants, n'ont pas toujours bénéficié d'une indemnisation préalable et leurs revendications affluent[9], au point que depuis le

[7] A. de Laubadaire (1970 : 221) ; J. Owona (1975 : 256) ; A. Tchientcheu Njiako (2003 : 383).

[8] Loi n° 85/009 du 4 juillet 1985, relative à *l'expropriation pour cause d'utilité publique et aux modalités d'indemnisation.*

[9] A Lom Pangar, certains villages ont été oubliés pendant les *enquêtes d'expropriation.* En effet, en juillet 2012, à quelques jours de la cérémonie officielle de pose de la première pierre du barrage de Lom Pangar, les populations des villages Lom 2, Ouami et Haman, avaient menacé de faire empêcher la tenue de l'événement, au motif qu'elles n'avaient rien perçu lors de l'opération de paiement des

9 mai 2016, la presse nationale fait écho des interpellations à la police judiciaire et des arrestations multiples de certains commis de l'État, ayant fait partie de la commission de constat et d'évaluation des biens à indemniser (CCE), pour les irrégularités observées dans le processus des indemnisations payées en 2011 à Kribi (*Cf.* chapitre 3). Les observations, faites plusieurs mois après l'achèvement de la phase d'indemnisations des populations riveraines des projets structurants de Kribi, Lom Pangar et Mekin, révèlent que la situation socio-économique et culturelle de certaines familles expropriées laisse à désirer. Celles-ci sont devenues plus pauvres, qu'elles ne l'étaient avant les expropriations. Au lieu de restituer et améliorer le *niveau de vie*[10] des populations expropriées, les indemnisations ont considérablement affecté le *mode de vie*[11] des populations déplacées. Au point où la destruction de leurs liens familiaux, de leurs réseaux sociaux d'appartenance et surtout de leur

---

indemnisations tenue à Bertoua le *24 février 2012* (O. Lamissa Kaikai, 2015 : 7). Et le sieur Kassala Dang, chef du village Deng Deng, justifiait la raison de leur colère en affirmant que « *Sur la liste des personnes indemnisées y figuraient des noms d'individus qui n'ont jamais habité Lom Pangar, ou qui ne sont pas connus dans la localité* ». Ce *problème de l'absence d'une indemnisation préalable* est plus poussé dans le cadre de la construction du barrage de Mekin, où certaines personnes victimes de destructions des biens dans le cadre de ce projet n'ont pas encore reçu une indemnisation jusqu'ici. Pourtant, la construction du barrage de Mekin est achevée depuis août 2016, et sa première mise en eau a même causé d'énormes dégâts sociaux et environnementaux.

[10] Une notion quantitative qui correspond à l'ensemble des *biens et services (richesse individuelle)*, qu'un individu peut se procurer avec *son revenu* (A. Beitone et al, 2010 : 325).

[11] L'ensemble des *comportements spécifiques* à une population donnée, comme *la façon de dépenser son revenu*, la nature des activités de subsistance, l'emploi de son temps libre, la forme et le rythme des fréquentations (la sociabilité), selon R. Boudon *et al* (1997 : 151-152).

patrimoine culturel a fini par provoquer une déliquescence de leur identité culturelle. Certaines populations indemnisées ne disposent plus d'assez de terre pour exercer librement leurs activités agricoles. Tous ces constats de départ amènent donc à réfléchir sur le problème de l'impact des indemnisations des populations expropriées dans le cadre de l'implémentation des projets structurants au Cameroun. En effet, *que cachent réellement les indemnisations des populations riveraines des projets de Kribi, Lom Pangar et Mekin* ? Par anticipation, l'on peut dire que, quoiqu'entourées par la législation nationale, les indemnisations des populations riveraines des projets de Kribi, Lom Pangar et Mekin contribuent mieux à générer les conflits et effets pervers qu'à restaurer les conditions de vie des populations expropriées affectées.

Au plan théorique, cette recherche sociologique mobilise plusieurs modèles. Au-delà des discours officiels des planificateurs, maîtres d'ouvrage, institutionnels et organisations non gouvernementales (ONGs) qui interviennent dans les processus des indemnisations, la *sociologie dynamiste (dynamique et critique) de G. BALANDIER* permet de dévoiler les dynamiques sociales profondes qui gravitent autour des conflits liés aux indemnisations de Kribi. Étant donné que les indemnisations sont un fait social de la modernité générateur de risques, la *sociologie du risque d'U. BECK*[12]

[12] Engendrée par l'observation de la prédominance du risque dans les sociétés modernes, la *sociologie du risque* se fonde sur l'idée que *les dangers et les risques de la modernité sont plus une fabrication sociale* qu'une conséquence de la manifestation de la nature. De ce fait, le sociologue se doit de diagnostiquer les risques causés par la société, afin de lui permettre de se repenser. Car, « *Les sociétés sont devenues des manufactures de risques [...] les maux, les menaces et les risques ne viennent plus de l'extérieur pour inquiéter la société : ils sont engendrés, manufacturés par cette société elle-même. D'où l'obligation, où elle se trouve, de se repenser elle-même.* » (U. Beck, 2008, 7).

et la *sociologie des déplacements forcés de M. CERNEA*[13] (à travers sa *fonction diagnostic*)[14] permettent de diagnostiquer les risques et effets pervers des indemnisations sur les populations expropriées et déplacées de Lom Pangar et Mekin. C'est dans cette optique que cet ouvrage, qui se veut une *sociologie critique des indemnisations des populations riveraines de Kribi, Lom Pangar et Mekin*, est une contribution significative à *une sociologie de la préparation des projets structurants en milieu rural camerounais* (vu que les principaux bénéficiaires sont des paysans)[15], afin de mieux

---

[13] Cette théorie est fondée sur l'idée que le résultat le plus répandu du déplacement involontaire est *l'appauvrissement des personnes déplacées*, qui sont exposées à différents risques. Un *appauvrissement*, qui se produit par : « *un manque de justice sociale et d'équité dans le partage des compensations et des gains des programmes de développement* », l'insuffisance et le « mauvais usage » des compensations liées aux déplacements involontaires des populations (M. Cernea, 1998, 12).

[14] Cette grille d'analyse remplit trois fonctions, à savoir : *la fonction diagnostic*, qui permet de diagnostiquer les différents risques et problèmes que génèrent les déplacements involontaires des populations ; *la fonction prévisionnelle*, qui permet de sensibiliser et prévenir les acteurs de développement sur les risques liés aux déplacements forcés ; *la fonction résolution-problème*, qui permet de résoudre les problèmes liés aux déplacements involontaires des populations en élaborant des contre-risques pour chaque risque identifié (M. Cernea, 1998, 12).

[15] Les paysans entretiennent une relation particulière avec la terre, qui constitue le fondement de leur existence. Car, ils y prélèvent de quoi manger et de quoi vendre pour subvenir à leurs besoins vitaux, comme l'affirme d'ailleurs Sa Majesté Samson Nkanembang, chef du village Nyabizou : « *C'est dans la forêt qu'on chassait le gibier, qu'*on *ramassait le « ndo'o»* (amandes de mangue sauvage)*, le « medjap»* (noix de karité)*, le « ndjangsang»* (variété d'amandes sauvages) *et les chenilles pour mange*r ». Par ailleurs, la terre matérialise « *l'appartenance d'un paysan à un lignage »* (S. Melone, 1972, 37). Retirer donc le droit de jouissance et de tenure de la terre à un paysan, revient à le déposséder de son bien le plus précieux.

expliquer et comprendre les logiques qui sous-tendent les conflits et les effets pervers générés par les indemnisations au sein des communautés paysannes affectées par ces projets structurants. D'autant plus que la question des indemnisations reste jusqu'ici un champ d'études peu abordé par les sociologues camerounais[16].

Sur le plan méthodologique, deux principales techniques de collecte des données ont permis de rassembler les informations analysées ici, à savoir : l'*observation indirecte* (à l'aide des données secondaires recueillies dans 118 documents) et *l'enquête de terrain* réalisée de janvier 2016 à août 2020, à travers l'observation directe et les 90 entretiens semi-directifs réalisés avec les paysans expropriés et les institutionnels chargés des questions d'indemnisation, dont : 20 entretiens semi-directifs à Kribi, Mboro et Lolabé ; 44 sur le site de Mekin, et 26 à Lom Pangar dans 12 villages, notamment à Mekomo, Ekok, Mekin, Nyabizou, Bissombo, Biton, Awo'an et Kam (site de Mekin) et à New Lom Pangar, Déoulé, Ouami et Haman (site de Lom Pangar). Après une brève présentation de la politique camerounaise des indemnisations (1re partie), cet ouvrage propose une sociologie critique des indemnisations de Kribi, Lom Pangar et Mekin (2e partie).

[16] À notre connaissance, seulement deux mémoires de master (R. F. Ntsa Tassi, 2015 ; T. X. Owona Bidi, 2017) et une thèse (P. B. Nkengue Abéga, 2016) ont abordé jusqu'ici la problématique des indemnisations dans les projets structurants au département de sociologie de l'université de Yaoundé 1, par exemple.

Carte 1 : Localisation des projets structurants de Lom Pangar, Kribi et Mekin

Première partie

LA POLITIQUE CAMEROUNAISE DES INDEMNISATIONS

Suite à la crise économique de la fin des années 1980, le Cameroun a passé des années difficiles, qui l'ont soumis à l'*ajustement structurel*[17], qui a limité les investissements publics de 1988 à 2006. Ce n'est qu'après l'atteinte du *point d'achèvement* de l'initiative pays pauvres très endettés (PPTE) le 26 avril 2006, que l'État va relancer les investissements publics, sous la bannière respectivement des « grandes ambitions » (2004-2011) et des « grandes réalisations » (2011-2018). Ces deux stratégies de développement s'opérationnalisent sur le terrain à travers les *projets structurants* ou *projets de grande envergure*. À la suite de l'« opération de colonisation Yabassi-Bafang » et de l'« opération Sahel vert », vont se mettre en place des projets d'infrastructures d'envergure, à l'instar des projets de construction du port en eau profonde de Kribi, du barrage de Lom Pangar et du mini-barrage de Mekin. Ces projets structurants, qui impliquent des déguerpissements et déplacements involontaires des populations de leurs milieux de vie, exigent ainsi, de la part des pouvoirs publics, des indemnisations des populations à exproprier pour cause d'utilité publique. Au point où la problématique des indemnisations est devenue d'une actualité brûlante au Cameroun depuis le lancement de ces projets structurants. La présente *étude de cas* ne peut donc s'effectuer, sans préalablement revisiter la politique nationale des indemnisations et son applicabilité dans le cadre des trois projets structurants ciblés. Dans

[17]C'est une politique d'aide au développement, proposée par le FMI à tout PED candidat au *rééchelonnement de sa dette*, et visant à rétablir les grands équilibres (budget, balance de paiement...), à libéraliser son économie et à y instaurer la concurrence (A. Beitone *et al*, 2010 : 345). Les réformes relatives à l'ajustement structurel se traduisent par des *restrictions des budgets des services sociaux* au profit du *service de la dette* (paiement des intérêts et des amortissements), qui absorbe la majorité des recettes budgétaires du pays africain endetté (J. Ziegler, 2005 : 81 ; 105).

cette première partie de l'étude, il est question de présenter, tour à tour, la législation camerounaise relative aux indemnisations (chapitre 1er) et les différentes stratégies d'indemnisations appliquées aux populations expropriées à Kribi, Lom Pangar et Mekin (chapitre 2).

CHAPITRE 1er

LA LÉGISLATION CAMEROUNAISE RELATIVE À L'INDEMNISATION POUR CAUSE D'EXPROPRIATION

Fidélie MENDOUGA et Pierre NKOU ABINA

Dans ce premier chapitre, il est question de faire un bref historique des indemnisations au Cameroun (section A), de présenter le cadre légal des indemnisations en vigueur au Cameroun post-indépendant (section B), de mener une étude comparative entre les dispositions nationales et celles de la *politique opérationnelle OP 4.12* de la Banque mondiale (sections C et D).

A. Aperçu historique des indemnisations au Cameroun

D'entrée de jeu, l'étude du cadre légal des indemnisations au Cameroun ne saurait se faire sans jeter un regard dans le passé. L'histoire permet de découvrir les origines d'un fait social et de retracer son évolution dans le temps. Cette première articulation dédiée à l'historique des indemnisations permet d'avoir une idée sur l'origine de ce phénomène. Elle se structure autour de deux idées maîtresses, à savoir : le legs et l'affirmation coloniale du principe d'indemnisation.

L'histoire des indemnisations pour cause d'expropriation est aussi vieille que l'entreprise coloniale en Afrique : *« l'expropriation pour cause d'utilité publique apparaît comme un legs de la colonisation. Cette procédure est institutionnalisée dans le droit des ex-métropoles coloniales en occident* » soutient J. OWONA (1982 : 271). Autrement dit, l'indemnisation consécutive à une expropriation est un héritage colonial. Et ce n'est pas l'historien Engelbert MVENG (sd : 20), qui dira le contraire. Selon lui, l'histoire du contentieux des indemnisations débute au Cameroun à partir de la première moitié du XXe siècle, avec l'expropriation des populations autochtones Duala installées le long de la côte. Déplacées sans aucun motif valable, et en dehors des formes légales, ces populations décident de faire opposition à l'arrêté n° 404 du 25 octobre 1929[18], conformément au décret français du 11 août 1920[19]. L'affaire portée devant le Commissaire de la République est rejetée par l'arrêté n° 416 de 1929[20], attribuant à titre définitif le lot n° 23, catégorie B, aux sieurs Victor et Antoine G. CHUDIAK par arrêté n° 415[21] ; ainsi qu'un permis d'occuper les terrains litigieux à la compagnie de distribution de l'énergie électrique. Bien qu'assistant à la stérilité de leurs revendications, les populations Duala ne baissèrent pas les bras. Cette détermination a contribué, au fil du temps, à l'application des textes coloniaux régissant les modalités d'indemnisations pour cause d'expropriation.

Bien plus, depuis la signature du traité germano-douala du 12 juillet 1884[22] jusqu'à l'obtention de son

[18] Arrêté n° 404 du 25 octobre 1929 portant *Concessions des terres à des tiers.*

[19] Décret du 11 août 1920 portant *Organisation du domaine et du régime des terres domaniales au Togo et au Cameroun.*

[20] Arrêté n° 416 du 25 octobre 1929 portant *Rejet de la pétition des chefs et notables Douala contre leur expropriation du lotissement de Bali.*

[21] Arrêté n° 415 du 25 octobre 1929 portant *Attribution à titre définitif du lot n° 23, catégorie B, aux sieurs Victor et Antoine G. Chudiak.*

[22] Traité germano-douala (Kamerun) du 12/07/1884 *entre 23 chefs indigènes Douala et les commerçants allemands* (Édouard Schmidt

indépendance, le Cameroun a connu le passage des colonisateurs de nationalités différentes. Allemands, Français et Britanniques ont, tour à tour, dicté leur loi au moyen de la mise en œuvre des textes coloniaux. L'examen de ces textes révèle que le *droit à l'indemnisation* n'est pas un droit nouveau : « *le principe d'indemnisation a toujours été respecté de tout temps par l'administration, y compris les administrations coloniales* » (J. OWONA, 1982 : 87). La *Déclaration des droits de l'homme et du citoyen* du 28 août 1789 posait déjà les prémices de ce qui sera appelé plus tard le *« principe d'indemnisation »*, en disposant, en son article 27, que « *la propriété étant un droit inviolable et sacré, nul ne peut en être privé, si ce n'est lorsque la nécessité publique, légalement constatée, l'exige évidemment et sous la condition d'une juste et préalable indemnité* ». Dans le cas particulier du Cameroun, plusieurs textes coloniaux garantissaient déjà le *principe d'indemnisation.* Dans le « Kamerun allemand », par exemple, ce principe fut garanti par :

- l'arrêté du 27 mars 1888 du gouvernement allemand relatif à *L'acquisition, la perte et la limitation des droits fonciers* ;
- l'arrêté du 24 septembre 1901 relatif à *La voie ferrée « iwakopmund-windhilk »* ;
- l'arrêté du 12 novembre 1903 du chancelier du « reich » ;
- le décret impérial allemand du 14 février 1903 qui disposait, en son article 1er que « le droit de propriété ainsi que les autres droits fonciers [...] peuvent, contre versement d'une indemnité, faire l'objet d'un retrait ou d'une restriction pour

de la firme Woerman et Johannes Voss de la firme Jantzen et Thormählen) (J-R. Brutsch, 1955 : 36-37).

l'exécution des travaux d'intérêt public » (J. OWONA, 1982 : 87).

Par ailleurs, les indemnisations ont été réglementées par les administrations mandataires britannique et française, au moyen de la « *Land and Native Rights Ordinance, chapter 105 of nigerian laws* » et du décret français du 10 juillet 1922 (J. OWONA, 1982 : 55). Ce décret s'inspirait notamment des dispositions de l'article 545 du *Code civil* français, qui dispose que *« nul ne peut être contraint de céder sa propriété si ce n'est pour cause d'utilité publique et moyennant une juste et préalable indemnité »*. Par ailleurs, il édicte les normes d'indemnisation à l'article 18, en ces termes : « *l'indemnité d'expropriation ne doit comprendre que le dommage direct matériel et certain causé par le fait même de l'éviction* » (J. OWONA, 1982 : 87). Au Cameroun, la marque coloniale de la légalité de l'indemnisation reste la tenue d'une *enquête préliminaire* et l'octroi, en contrepartie de la dépossession, d'une *indemnité préalable*, qui couvre les dommages directs matériels et certains causés par l'éviction. Toutefois, si les dispositions légales d'indemnisation semblent plus disparates pendant l'occupation coloniale, ils ont substantiellement évolué aujourd'hui. L'État camerounais compte désormais, un ensemble de lois ainsi que de règlements nationaux et internationaux, qui garantissent la procédure d'indemnisation. Au Cameroun post-indépendant, les indemnisations relatives aux expropriations pour cause d'utilité publique sont désormais régies par la législation nationale et la *politique opérationnelle OP 4.12* de la Banque mondiale (B.M).

B. La législation nationale

De la période post-coloniale à nos jours, le législateur camerounais garantit *le droit à l'indemnisation pour cause d'expropriation*, au moyen de la constitution, des conventions internationales ratifiées, des lois et textes réglementaires nationaux.

1. Les dispositions constitutionnelles sur les indemnisations

La *Constitution de la République du Cameroun* de juin 1972, révisée par la loi n° 96/06 du 18 janvier 1996, établit les principes fondamentaux de protection du *droit de propriété*. À cet égard, le préambule[23] de cette *Constitution* stipule que « *la propriété individuelle est le droit d'user, de jouir et de disposer de biens garantis à chacun par la loi. Nul ne saurait en être privé si ce n'est pour cause d'utilité publique, et sous la condition d'une indemnisation dont les modalités sont fixées par la loi.* » De ce fait, l'État reconnaît à tout Camerounais le droit de posséder une propriété et d'en jouir en toute quiétude. Au-delà de cette *protection constitutionnelle du droit à l'indemnisation*, la même *Constitution* encadre son exercice en précisant que ce *droit de propriété* ne saurait être exercé contrairement à l'utilité publique, sociale ou de manière à porter préjudice à la sûreté, à la liberté, à l'existence ou à la propriété d'autrui. En dehors des dispositions constitutionnelles, les conventions internationales protègent également le droit à l'indemnisation.

[23] L'article 65 de la loi n° 96/06 du 18/01/1996, portant *Révision de la Constitution de 1972*, dispose que « *Le préambule fait partie intégrante de la Constitution* ».

2. Les conventions internationales ratifiées par le Cameroun sur les indemnisations[24]

Le Cameroun fait partie de deux instruments internationaux portant sur les indemnisations, notamment : la *Déclaration universelle des droits de l'homme* et la *Charte africaine des droits de l'homme et des peuples*.

Pour commencer, la *Déclaration universelle des droits de l'homme* est dite *« erga omnes »*. C'est une locution latine, généralement utilisée en droit et signifiant : « À l'égard de tous ». En droit public international, un droit « *erga omnes* » est un droit que toute nation peut revendiquer, indépendamment des traités qu'elle aurait pu signer pour elle-même. De ce fait, la *Déclaration universelle des droits de l'homme* est opposable à tous les États, même ceux ne l'ayant pas formellement ratifié. Dès son accession à l'indépendance le 1er janvier 1960, et son adhésion à l'Organisation des Nations unies le 20 septembre 1960, le Cameroun s'est approprié cette *Déclaration*, au point qu'il a incorporé ses principes dans sa *Constitution*. En effet, cette *Déclaration* dispose, en son article 17, que « *toute personne, aussi bien seule qu'en collectivité, a droit à la propriété* » et que « *nul ne peut être arbitrairement privé de sa propriété* ». Elle protège donc le *droit de propriété,* et interdit toute violation de celui-ci.

Encore appelée « Charte de Banjul », en raison du rôle historique de la Gambie, la *Charte africaine des droits de l'homme et des peuples* fut adoptée par l'Assemblée générale de l'Organisation de l'Unité africaine (OUA) le 28 juin 1981 à Nairobi (Kenya). Et à la suite de sa

[24] D'après l'article 45 de la *Constitution camerounaise révisée du 18/01/1996*, « les traités ou accords internationaux régulièrement approuvés ou ratifiés ont, dès leur publication, une autorité supérieure à celle des lois ».

ratification par les États membres, la *Charte* entra en vigueur le 21 octobre 1986. Cette *Charte*, qui est intégrée dans le préambule de la *Constitution camerounaise* révisée de 1996, n'est opposable au Cameroun que depuis le 20 juin 1989, date de sa ratification. Aussi l'article 14 de ladite *Charte* dispose-t-il que « *le droit de propriété est garanti. Il ne peut y être porté atteinte que par nécessité publique ou dans l'intérêt général de la collectivité, ce, conformément aux dispositions des lois appropriées* ». Cela signifie aussi que toute atteinte à la propriété doit être postérieure à une loi préalablement établie. Cette *Charte* fixe aussi les indemnisations relatives à l'atteinte à la propriété, selon la lettre et l'esprit de l'article 21 qui dispose, en son alinéa 2, qu'« *en cas de spoliation, le peuple spolié a droit à la légitime récupération de ses biens ainsi qu'à une indemnisation adéquate.* »

Au-delà de ces conventions internationales ratifiées, l'État a mis en place des lois et règlements, qui régissent l'indemnisation au Cameroun.

3. Les lois et règlements nationaux relatifs aux indemnisations

Faisant suite aux dispositions constitutionnelles et internationales, le Cameroun possède trois principales lois relatives aux indemnisations. Il s'agit notamment :

- du *Code civil* applicable au Cameroun ;
- de l'ordonnance n° 74-3 du 06/07/1974 relative à la procédure d'expropriation pour cause d'utilité publique et aux modalités d'indemnisation ;
- de la loi n° 85/009 du 4 juillet 1985 relative à *L'expropriation pour cause d'utilité publique et aux modalités d'indemnisation*[25], dont l'application est

[25] La *loi du 4 juillet 1985* tend à apporter des solutions aux problèmes que ne résolvait pas *l'ordonnance n° 74-3 du 6 juillet 1974*. Ainsi, la

rendue possible par le décret n° 87/1872 du 16 décembre 1987[26] portant *Modalités d'application de la loi n° 85/009 du 4 juillet 1985*.

Pour ce qui est des règlements, trois textes statuent sur le problème de *l'indemnisation pour cause d'utilité publique* au Cameroun. Il s'agit de manière chronologique de :

- l'arrêté n° 00832 du 20 novembre 1987 fixant *Les bases de calcul de la valeur vénale*[27] *des constructions frappées d'expropriation pour cause d'utilité publique ;*
- le décret n° 2003/418 du 25 février 2003 fixant *Les tarifs des indemnités à allouer aux propriétaires des cultures et d'arbres cultivés victimes d'expropriation pour cause d'utilité publique ;*
- l'instruction n° 0005 du 29 décembre 2005 portant *Rappel des règles de base sur la mise en œuvre du*

loi du 04/07/1985 règle *les conditions d'expropriation pour cause d'utilité publique*, précise *les différentes sortes de compensations et d'indemnisations*, et parle aussi *du contentieux* au cas où l'exproprié ne serait pas satisfait de l'indemnisation ou de la compensation.

[26] Le *décret du 16 décembre 1987* fixe les *modalités d'application de la loi du 4 juillet 1985* tout en développant principalement les *procédures d'expropriation*, en son *article 15* : « *Avant le recours à l'expropriation pour cause d'utilité publique en faveur des collectivités publiques locales, des établissements publics, des concessionnaires de services publics ou des sociétés d'État en vue de la réalisation des travaux d'intérêt général, ces derniers doivent procéder aux négociations préalables avec les propriétaires ou ayants droit concernés* ».

[27] La *valeur vénale* d'un bien est ici sa valeur sur le marché, autant dire la valeur qu'il est possible d'obtenir en cas de revente, au regard des conditions actuelles sur le marché. Elle se détermine en tenant compte de la valeur de biens similaires mis en vente (droit-finances.commentcamarche.net/faq/24083-valeur-venale-definition, consulté le 04/09/2016).

régime de l'expropriation pour cause d'utilité publique[28].

Dans ce paragraphe, il s'agit de présenter, tour à tour : les dispositions légales nationales qui garantissent le droit à l'indemnisation, les préalables de l'expropriation, les éléments constitutifs d'une procédure d'indemnisation et les garanties légales de voies de recours en cas de contentieux.

a. Les garanties légales du droit à l'indemnisation et les préalables de l'expropriation

i. Les garanties légales du droit à l'indemnisation

Au Cameroun, le droit foncier se fonde sur la juxtaposition du droit coutumier et du droit positif. Au moyen d'un ensemble de textes législatifs et réglementaires, le droit positif ou moderne définit les différents types d'occupations du domaine foncier. À cet effet, il devient aisé d'élaborer la différence qui existe entre *le domaine public de l'État*[29], *le domaine privé de l'État*[30], *le domaine national*[31] et *le domaine privé des*

[28] Cette *instruction* fixe la durée de validité de la *déclaration d'utilité publique* à deux ans, prorogeable une seule fois pour une période d'un an par le ministre chargé des domaines.

[29] C'est l'ensemble du patrimoine géré par l'État. Dans ce patrimoine, se rangent : les *biens administratifs* constituant le *domaine public classique*, les biens du *domaine privé de l'État et des autres personnes morales de droit public*, le *domaine national*. Le *domaine public* se subdivise en *domaines publics naturel* (maritime, fluvial, terrestre et aérien) et *artificiel* (voies et lignes de communication ; ports terrestres, maritimes et fluviaux ; ouvrages de défense nationale...), selon J. Owona (2012 : 12-18).

[30] Les biens du *domaine privé de l'État* se subdivisent en six catégories, à savoir : les *biens meubles et immeubles acquis par l'État* à titre gratuit ou onéreux (*domaine privé mobilier* et *domaine privé immobilier*) ; les *terrains* qui supportent les édifices, constructions, ouvrages et aménagements réalisés et entretenus par l'État ; les *immeubles dévolus à l'État* (en vertu d'un acte de

particuliers[32]. Dans un but d'intérêt général, le *domaine privé des particuliers* peut faire uniquement l'objet d'une expropriation. L'*expropriation pour cause d'utilité publique* désigne « *une procédure qui permet à l'administration, dans un but d'utilité générale, de contraindre un particulier à céder son bien à titre onéreux soit à elle, soit à une personne juridique de droit privé* » (J. OWONA, 2012 : 33-34). En d'autres termes, c'est « *une procédure unilatérale de droit public par laquelle une collectivité publique appréhende la propriété d'un immeuble ou d'un droit réel immobilier, et exceptionnellement un droit incorporel dans un but d'utilité publique moyennant une indemnité juste et préalable* » (J. OWONA, 2012 : 49). Au regard de ces définitions, il est clair que *l'indemnisation est la*

---

déclassement du domaine public de l'expropriation pour cause d'utilité publique) ; les *concessions rurales ou urbaines* frappées de déchéance ou de droit de reprise ainsi que les *biens des associations dissoutes* pour fait de subversion, atteinte à la sureté intérieure ou extérieure de l'État ; les *prélèvements décidés par l'État sur le domaine national* par application des dispositions de l'article 18 de *l'ordonnance fixant le régime foncier* et les propriétés des zones rurales qui n'ont pas fait l'objet d'une régénération depuis 10 ans au moins (J. Owona, 2012 : 33-34).

[31] Constituent de plein droit *le domaine national*, les *terres qui* (à la date d'entrée en vigueur de la présente ordonnance) *ne sont pas classées* dans le domaine public ou privé de l'État ou des autres personnes morales de droit public. Les *dépendances du domaine national* sont classées en deux catégories : les *terrains d'habitations, les terres de cultures, de plantation, de pâture et de parcours*, dont l'occupation se traduit par une emprise évidente de l'homme sur la terre et une mise en valeur probante ; les *terres libres de toute occupation effective* (ordonnance n° 74/1du 6/07/1974 fixant *le régime foncier,* articles 14 et 15).

[32] Les terres immatriculées ; les *free hold lands* ; les terres acquises sous le régime de transcription ; les concessions domaniales définitives et les terres consignées au « *Grunbuch* » font l'objet du droit de propriété privée et constituent *le domaine privé des particuliers* (ordonnance n° 74/1 du 6/07/1974, article 2).

conséquence d'une expropriation. Elle est un droit garanti par le préambule de la *Constitution* camerounaise. D'après ce principe constitutionnel, *l'indemnisation est un droit*, qui ne peut être supprimé ni par un texte ayant valeur de loi ni par un acte administratif. C'est une « *obligation constitutionnelle pour les pouvoirs publics* » (J. OWONA, 2012 : 88).

En dehors de la constitution camerounaise, le *droit à l'indemnisation des personnes expropriées* est garanti par les lois et règlements du Cameroun. Pour commencer, l'article 545 du *Code civil* applicable au Cameroun stipule que « *nul ne peut être contraint de céder sa propriété, si ce n'est pour cause d'utilité publique, et moyennant une juste et préalable indemnité* ». Ceci signifie que la seule circonstance légale, dans laquelle un individu peut perdre sa propriété contre son gré, est l'*expropriation pour cause d'utilité publique. L'utilité publique* devrait alors être comprise comme l'intérêt général. C'est dans cette optique que l'article 7 de l'ordonnance 74/3 du 6 juillet 1974 définit *l'expropriation pour cause d'utilité publique* comme la privation du particulier de sa propriété suivant une procédure particulière et moyennant une indemnisation compensatrice. Et dispose que « *l'expropriation ouvre droit à une indemnisation pécuniaire* ». Bien plus, la loi du 4 juillet 1985, quant à elle, reprend et complète cette disposition en énonçant en son article 3(1) que « *l'expropriation ouvre droit à l'indemnisation pécuniaire ou en nature selon les conditions définies par la présente loi* ». D'après l'article 3(2) de cette loi, l'indemnisation due aux personnes évincées est fixée par un décret d'expropriation. À ce titre, l'article 17 du décret du 16 décembre 1987 dispose que « *le décret d'expropriation désigne l'autorité chargée de prendre la décision de mandatement des crédits correspondants* ».

S'il est avéré que *l'indemnisation est un droit* garanti par la *Constitution* et la législation camerounaises, force est de rappeler que la *procédure d'indemnisation* est intimement liée à *celle de l'expropriation.* Dès lors, l'évocation de l'une n'est pas possible sans l'autre. Toutefois, la *procédure d'indemnisation* débute avec les *préalables de l'expropriation.*

ii. Les préalables de l'expropriation pour cause d'utilité publique en droit camerounais

L'expropriation pour cause d'utilité publique est le résultat d'une procédure administrative, qui met en relation le ministère des Domaines, du Cadastre et des Affaires foncières (MINDCAF) et le département ministériel désireux d'entreprendre une opération d'intérêt général. D'après l'article 2 du décret du 16/12/1987, tout département ministériel désireux d'entreprendre une opération d'utilité publique saisit le ministre chargé des Domaines avec un *dossier préliminaire* en deux exemplaires comprenant :

- une *demande assortie d'une note explicative*, indiquant l'objet de l'opération ;
- une *fiche* dégageant les caractéristiques principales des équipements à réaliser et précisant notamment :

(i) la *superficie approximative du terrain sollicité* dûment justifiée ; l'*appréciation sommaire du coût du projet*, y compris les *frais d'indemnisation* ;

(ii) la *date approximative des travaux* ;

(iii) la *disponibilité des crédits d'indemnisation* avec indication de l'imputation budgétaire ou de tous autres moyens d'indemnisation.

Conformément à l'article 3 du décret sus-cité, le ministre chargé des Domaines apprécie le bien-fondé des justifications du projet, dès réception du dossier. Lorsqu'il juge le projet d'utilité publique, il prend un arrêté *déclarant l'utilité publique* des travaux projetés en définissant le niveau de compétence de la commission chargée de l'enquête d'expropriation, appelée aussi commission de constat et d'évaluation (CCE) ou commission consultative (CC).

iii. De la déclaration à la publication de l'information d'utilité publique

Au regard de l'article 5 de la loi du 4/07/1985 et de l'article 14 du décret du 16/12/1987, l'acte de *déclaration d'utilité publique* (DUP) est suspensif de toute transaction et de toute mise en valeur sur les terrains concernés. Aucun *permis de construire* ne peut être délivré sur le domaine concerné, sous peine de nullité d'ordre public. Toutefois, l'arrêté de la DUP n'empêche pas la poursuite d'immatriculation du domaine national de première catégorie au bénéfice de leurs occupants ou exploitants. Concomitamment, l'arrêté de DUP devient caduc, si l'expropriation n'est pas effective dans un délai de deux (02) ans, à compter de la date de sa notification (article 3 du décret du 16/12/1987). Sa prorogation ne s'effectue qu'une seule fois par le ministre chargé des Domaines, et ne peut excéder un (01) an.

Par ailleurs, dès réception de l'arrêté de DUP, le président de la CCE le notifie au préfet et au magistrat municipal de la localité concernée. Une fois saisi, le préfet se charge d'assurer la publicité par voie d'affichage à la préfecture, au service départemental des domaines, à la mairie, à la sous-préfecture et à la chefferie du lieu de situation du terrain ; ainsi que par tous autres moyens jugés nécessaires en raison de l'importance de l'opération. En vue d'assurer la participation des populations concernées à toutes les phases de *l'enquête*, celles-ci sont informées au moins trente (30) jours à l'avance du jour et de l'heure de *l'enquête*, par convocations adressées aux chefs et notables par des moyens appropriés (articles 9 et 10 du décret du 16/12/1987).

iv. De la commission de constat et d'évaluation ou commission consultative

D'après l'article 2(1) du décret du 27 mai 2016[33], la *commission consultative* est un *organe collégial* chargé d'assister les autorités compétentes dans le cadre de la gestion du domaine national. En référence aux articles 4 du décret du 16/12/1987 et 3 (1) du décret du 27/05/2016, la CCE siège sur décision du ministre de l'Urbanisme et de l'Habitat. Elle a pour rôle de conduire l'*enquête d'expropriation*. À ce titre, elle est chargée de :

(i) choisir et faire borner les terrains concernés aux frais du bénéficiaire ;
(ii) constater les droits et évaluer les biens mis en cause ;
(iii) identifier leurs titulaires et propriétaires ;
(iv) faire les panneaux qui indiquent le périmètre de l'opération aux frais du bénéficiaire.

Toutefois, la composition de cette commission varie selon les niveaux d'intervention, tels que mentionnés à l'article 5 du décret du 16/12/1987.

Au niveau départemental :

La CCE est nommée par arrêté préfectoral. Elle est convoquée, en tant que de besoin, et siège sur convocation de son président. Elle est, en effet, composée :

- du préfet ou de son représentant (le président) ;
- du responsable du service départemental des domaines (qui assure le secrétariat) ;

[33]Décret n° 2016/1430 du 27 mai 2016 fixant *les modalités d'organisation et de fonctionnement de la commission consultative en matière foncière et domaniale.*

- du responsable du service départemental du cadastre ;
- du responsable du service local de l'urbanisme et de l'habitat ;
- du responsable compétent des mines et de l'énergie ;
- du responsable du service départemental de l'agriculture ;
- du responsable du service départemental des routes ;
- du responsable du service ou de l'organisme demandeur ;
- du ou des député(s) concerné(s) ;
- du ou des magistrat(s) municipal (aux) concerné(s) ;
- de l'ou des autorité(s) traditionnelle(s) concernée(s).

Au niveau régional :

La CCE est nommée par arrêté du gouverneur. Elle se réunit, en tant que de besoin, sur convocation de son président. Elle est composée :

- du gouverneur ou de son représentant (qui fait office de président) ;
- du responsable du service régional des domaines (qui joue le rôle de secrétaire) ;
- du ou des préfet(s) concerné(s) ou de leurs représentants ;
- du responsable du service régional du cadastre ;
- du responsable du service régional de l'agriculture ;
- du responsable du service régional de l'urbanisme et de l'habitat ;
- du responsable du service régional chargé des mines ;
- du responsable du service régional des routes ;

- du responsable du service ou de l'organisme demandeur ;
- de l' ou des autorité(s) traditionnelle(s) concernée(s).

Au niveau national :

La CCE est nommée par arrêté du ministre chargé des Domaines. Et comprend :

- le ministre des Domaines ou son représentant (qui préside et coordonne les activités) ;
- le directeur des Domaines ou son représentant (qui assure le secrétariat) ;
- le ou les préfet(s) concerné(s) ;
- le directeur du Cadastre ou son représentant ;
- un représentant du ministre de l'Agriculture ;
- un représentant du ministre des Mines ;
- le directeur de l'Habitat ou son représentant ;
- le représentant du service ou de l'organisme demandeur ;
- le ou les député(s) concerné(s) ;
- l'ou les autorité(s) traditionnelle(s) concernée(s).

De manière générale, les préalables de l'expropriation posent les jalons de cette procédure, qui prend corps avec la tenue d'une enquête. *L'enquête d'expropriation*, puisqu'il s'agit d'elle, recèle plusieurs éléments qui structurent la stratégie d'indemnisation.

b. La matérialisation de la stratégie d'indemnisation en droit camerounais

Au Cameroun, la procédure d'indemnisation englobe plusieurs éléments, dont : la vulgarisation de l'information de la déclaration d'utilité publique (DUP) ; l'identification des personnes et biens affectés par l'expropriation ; l'évaluation des biens ; la fixation des barèmes d'indemnisation ; la production des procès-verbaux de fin d'enquête ; la signature du décret d'expropriation et le paiement des indemnisations.

i. L'identification des biens et personnes à indemniser

Au Cameroun, les stratégies de sélection des biens et d'identification des personnes éligibles à recevoir une indemnité semblent rigoureuses. Au regard de l'article 7 de la loi du 04/07/1985, l'indemnité porte sur le dommage direct immédiat et certain causé par l'éviction. Elle couvre les terrains nus, les cultures, les constructions, et toute autre mise en valeur, quelle qu'en soit la nature, dûment constatés par une CCE. Mais, le constat de l'existence des biens affectés par l'expropriation ne suffit pas pour parler d'une procédure d'indemnisation achevée. Encore faudrait-il que les personnes détentrices de ces biens soient reconnues comme propriétaires légaux. Ainsi, dans le cas des pertes de terre, sont éligibles à recevoir une indemnisation, tous les propriétaires de terrains résultant d'une détention coutumière ayant donné lieu à l'obtention d'un titre foncier, des terrains résultant d'une transaction normale de droit commun ou des terrains domaniaux acquis. *Il n'est reconnu aucun droit d'indemnisation aux personnes résidant sur les terrains non immatriculés*. Pour ce qui est des constructions, il n'est dû aucune indemnité pour la destruction des constructions vétustes et menacées de ruine ou de celles réalisées en infraction aux règles d'urbanisme ou aux dispositions législatives ou réglementaires fixant le régime foncier (article 10 (3) de la loi du 04/07/1985). Par ailleurs, *toutes les personnes installées sur le site avant la publication de l'arrêté de déclaration d'utilité publique sont éligibles à recevoir des indemnisations.*

ii. Les principes d'évaluation des biens et de fixation des barèmes d'indemnisation

L'indemnisation représente une compensation que perçoit une personne victime de destruction des biens et moyens de subsistance pour cause d'utilité publique. L'évaluation des biens et la fixation des barèmes d'indemnisation sont deux éléments qui meublent *l'enquête d'expropriation*. D'après l'article 11 du décret du 16/12/1987, *l'enquête d'expropriation* est menée dans toutes ses phases par l'ensemble de la *commission de constat et d'évaluation* ou en présence d'au moins deux tiers (2/3) de ses membres, et en présence des propriétaires des fonds et des biens qu'il supporte, des notabilités du lieu et des populations. Après avoir préalablement arrêté la liste exhaustive des propriétaires des biens à détruire, la *commission* peut constituer une *sous-commission technique* de trois (03) membres au moins, à l'effet d'expertiser une catégorie de ces biens. Le travail de la sous-commission est exécuté sous la responsabilité et le contrôle de la CCE, qui contresigne les documents. L'évaluation et le calcul des indemnités des catégories des biens frappés d'expropriation se font sur la base de l'application des textes réglementaires en matière d'expropriation et d'indemnisation.

Ainsi, le *calcul de la valeur des terres vouées à l'expropriation* se fait selon les cas de *tenure*[34]. L'article 9 de la loi du 04/07/1985 édicte qu'en cas de terrain résultant d'une détention coutumière ayant donné lieu à l'obtention d'un titre foncier, l'indemnité ne peut dépasser le taux maximum officiel des terrains domaniaux non viabilisés de la localité des situations du titre foncier. Cependant, lorsqu'il s'agit d'un terrain résultant d'une

---

[34]*Modes d'appropriation du sol* dans une société donnée, qui diffèrent de la *propriété* au sens occidental (M. Grawitz, 2004 : 396).

transaction normale de droit commun ou d'une acquisition des terrains domaniaux, l'indemnité due est égale au prix d'achat, majoré des frais divers d'acquisition.

L'*évaluation des cultures détruites*, quant à elle, s'effectue dans le respect des dispositions de l'article 1er du décret du 25 février 2003. Ce décret fixe les tarifs d'indemnisation des cultures susceptibles de faire l'objet d'une indemnisation en les classant en sept (07) catégories (cultures annuelles, fruits, tubercules, cultures maraîchères, cultures industrielles, cultures pérennes, plantes médicinales). Sur le plan pratique, il représente un outil de référence, qui guide les membres de la CCE dans la sélection et le calcul des indemnités des cultures frappées d'expropriation.

D'après l'article 10(2) de la loi du 04/07/1985, la *valeur des constructions et autres aménagements détruits par l'expropriation* est déterminée par la CCE. Cependant, l'arrêté du 20/11/1987 fixe *les bases de calcul de la valeur vénale des constructions frappées d'expropriation pour cause d'utilité publique*. Au vu de son article 2, les valeurs des constructions frappées d'expropriation sont calculées sur la base d'un taux forfaitaire au mètre carré variant suivant leur qualité. Elles sont fixées à l'état neuf, à la date connue ou présumée de leur réalisation, et sont corrigées d'un taux de vétusté calculé conformément aux règles de l'art. Les valeurs des constructions non finies sont déterminées sur la base de celles des constructions finies de catégories correspondantes, affectées d'un taux de finition calculé suivant les règles de l'art. Le calcul des indemnités de construction tient compte des catégories de maisons (villa de très haut standing, villa de haut standing, villa de standing moyen, villa de standing ordinaire, bâtiment semi-dur et construction en dur). Cette typologie prend en considération les éléments suivants :

- l'architecture ;
- le type de matériaux utilisés, qu'ils soient provisoires (bois) ou définitifs (ciment, briques de terre), importés (certaines tuiles) ou locaux (tôles ondulées, tôles bacs) ;
- la présence de commodités (eau, électricité, toilettes modernes) ;
- l'esthétique générale, qui se nourrit du raffinement associé à la finition de la maison ; pour ce qui est des ouvertures de la maison, par exemple, l'utilisation des baies vitrées, des essences nobles de bois, l'appareillage des murs avec des carreaux, du marbre, des briquettes ou l'utilisation des peintures de grand prix à des fins de différenciation sociale.

Suivant ce même arrêté, l'évaluation des indemnisations pour construction doit se faire en appliquant, d'une part, un taux de valorisation de 7,5 % par an pour les constructions en dur et de 4 % par an pour les semi-durs et les planches ; et d'autre part, un coefficient de vétusté. L'évaluation d'une construction doit nécessairement tenir compte du matériau utilisé et de l'âge de la structure concernée. Plus un bâtiment est neuf, plus il aura de la valeur ; par contre, lorsqu'il est vieux, il en perd. Cela entre en droite ligne avec les articles 3 et 4 de cet arrêté. Les états d'expertise ressortent : les dimensions, les superficies, l'âge, le taux de vétusté et la description sommaire de la qualité des constructions et des autres mises en valeur. Après l'expertise des différents biens mis en cause, la CCE achève ses travaux par la production d'un :

(i) *procès-verbal d'enquête* relatant tous les incidents éventuels ou observations des personnes évincées, signé de tous les présents ;

(ii) *procès-verbal de bornage* et d'un *plan parcellaire du terrain* retenu, établis par le géomètre membre de la commission ;

(iii) *état d'expertise des cultures*, signé de tous les membres de la commission.

Toutefois, la stratégie d'indemnisation ne se limite pas à la réalisation de l'enquête d'expropriation. Elle se poursuit avec le paiement des indemnités allouées aux populations expropriées.

c. Les modalités de paiement des indemnisations et les garanties de voies de recours

Il s'agira ici de présenter, tour à tour, les modalités de paiement des indemnisations (i) et les garanties de voies de recours en cas de contestation (ii).

i. Les modalités de paiement des indemnisations pour cause d'expropriation

Au Cameroun, le paiement des indemnités est conditionné par la publication d'un décret portant indemnisation des personnes victimes d'expropriation et de destruction des biens dans le cadre de la réalisation d'un projet d'intérêt général. Ce décret est signé par le Premier ministre, chef du gouvernement. Il dresse la liste des bénéficiaires des indemnisations et fixe définitivement les montants qui leur sont alloués. Les modalités de paiement des indemnisations sont définies par un arrêté du ministre chargé des Domaines. Conformément à l'article 18 du décret du 16/12/1987, les indemnisations sont supportées par la personne morale de droit public, bénéficiaire de l'expropriation. Lorsqu'il s'agit de l'État, les indemnisations sont supportées par le budget du département ministériel ayant sollicité l'expropriation.

D'après l'article 8 de la loi du 04/07/1985, la priorité est accordée au paiement de l'indemnité en espèces.

Toutefois, en ce qui concerne les terrains, la personne morale bénéficiaire de l'expropriation peut substituer une compensation de même nature et de même valeur à l'indemnisation en espèces ; pourvu que cela soit fait dans la même circonscription communale que le terrain frappé d'expropriation. Si le terrain attribué en compensation est supérieur au terrain frappé d'expropriation, la *soulte*[35] est payée par le bénéficiaire de l'indemnisation. Si elle est inférieure, les bénéficiaires de l'expropriation allouent une indemnisation pécuniaire correspondant à la soulte.

ii. Les garanties légales des voies de recours en cas de contestation

Les voies de recours en cas de contestation de l'indemnité sont garanties par la loi et la jurisprudence camerounaise. En cas de *contentieux relatif à l'indemnisation*, une *résolution à l'amiable* est d'abord recherchée. Si elle n'aboutit pas à un compromis, les personnes intéressées ont le plein droit de saisir le préfet, le gouverneur ou le ministre chargé des Domaines, selon l'article 6 du décret du 16/12/1987, lequel soumet la réclamation à l'examen de la *commission de constat et d'évaluation.* En cas de non-satisfaction, les personnes intéressées sont habilitées à saisir dans un délai d'un mois, à compter de la date de notification de la décision contestée, le *tribunal judiciaire compétent* du lieu de situation de l'immeuble. Ce tribunal peut confirmer, réduire ou augmenter le montant de l'indemnité suivant les modalités d'évaluation fixées par la loi et ses différents textes d'application. Lorsque le montant de l'indemnité excède dix millions de FCFA, c'est le *tribunal de grande*

---

[35] La *soulte* est un terme juridique désignant une somme d'argent dont doit s'acquitter une personne ayant reçu des biens d'une valeur supérieure à ce qu'elle aurait normalement dû recevoir. Elle vise à compenser le préjudice subi par les autres parties concernées par le partage (droit-finances.com, consulté le 27/06/2017).

instance du lieu de situation de l'immeuble concerné qui est saisi. Lorsqu'il s'agit d'un montant inférieur, il revient au *tribunal de première instance* de statuer sur l'affaire. Le tribunal applique la procédure de droit commun et ses décisions peuvent faire objet de voies de recours.

S'agissant des décisions jurisprudentielles, il convient de noter que la *décision du jugement n° 544/94-95 du 30 novembre 1995 (affaire Renault Cameroun contre État du Cameroun)* a permis de combler le vide juridique du problème des intérêts moratoires, qui pourrait se poser pour le cas des intérêts dus en raison du retard dans l'exécution de l'obligation à indemniser. Il a été suggéré la création d'une *caisse des dépôts et de consignation* pour remédier aux retards de paiement des indemnités d'expropriation, conformément à la loi n° 2008/003 du 14 avril 2008 (J. OWONA, 2012 : 94).

C. La *politique opérationnelle OP 4.12* de la Banque mondiale

La Banque mondiale (B.M) est une institution financière internationale, initialement créée en 1945, pour soutenir le processus de reconstruction et de développement d'après-guerre. De nos jours, elle est désormais un groupe de cinq organismes de développement[36], qui ont pour mission de réduire la pauvreté dans le monde. Cette initiative de réduction de la pauvreté passe par le financement des projets et programmes de développement, par l'octroi des prêts aux pays en développement. Cependant, il ressort des expériences de la BM que, si elle n'est pas bien organisée,

---

[36] La banque internationale pour la reconstruction et le développement (BIRD), l'association internationale de développement (AID), la société financière internationale (SFI), l'agence multilatérale de garantie des investissements (AMGI) et le centre international pour le règlement des différends relatifs aux investissements (CIRDI).

la *réinstallation involontaire liée à la réalisation des projets de développement* engendre souvent de graves problèmes économiques, sociaux et environnementaux.[37] D'où l'élaboration d'une dizaine de *politiques opérationnelles*, qui permettent de guider la conception, la réalisation, le suivi et l'évaluation des projets financés par la B.M. Parmi ces politiques figure la *politique opérationnelle OP 4.12 sur la réinstallation involontaire*. C'est en 1980 que la B.M a adopté sa première politique sur la réinstallation involontaire, connue sous le nom de « *manuel opérationnel de réinstallation* ». Cette politique a été révisée en 1990, donnant lieu à l'adoption de la « *directive opérationnelle OD 4.30* », qui a été convertie en « *politique opérationnelle OP 4.12* » en décembre 2002.

La *politique opérationnelle OP 4.12* est un texte, qui élabore les principes et procédures de base sous-tendant *la réinstallation involontaire* occasionnée par les projets d'investissement. Elle est un *guide* permettant au personnel de la B.M et à tous les États emprunteurs des fonds d'investissement de mieux gérer les compensations des personnes affectées par les projets, surtout lorsqu'ils entraînent le *déplacement involontaire des populations*. Cette *politique* s'applique à toutes les composantes d'un projet entraînant une *réinstallation involontaire*, quelle que soit sa source de financement. Elle s'applique aussi à

---

[37]Selon l'expérience de la B.M, *une réinstallation involontaire mal organisée* engendre très souvent : des démantèlements des systèmes de production ; la diminution ou la perte des sources de revenus des populations affectées ; la dispersion des groupes communautaires, des groupes de parentés et des réseaux sociaux ; l'amoindrissement ou la ruine de l'identité culturelle, de l'autorité traditionnelle et des possibilités d'entraide, et la réinstallation des populations affectées dans des environnements où leurs techniques risquent d'être moins compétentes et la compétition des ressources plus forte (Banque mondiale, 2001, p.1).

d'autres activités donnant lieu à une réinstallation, qui, aux yeux de la B.M, sont :

- directement et significativement en relation avec le projet financé ;
- nécessaires pour atteindre les objectifs fixés dans le document du projet ;
- réalisées ou planifiées pour être réalisées en cas parallèle avec le projet.

Par ailleurs, elle vise un certain nombre d'objectifs, couvre des impacts qui vont de la perte de terre à la perte de revenus, et permet d'élaborer des stratégies de compensation suffisamment aptes pour maintenir et/ou améliorer le *niveau de vie* des populations réinstallées. Ses critères d'éligibilité la différencient du droit positif en matière d'indemnisation, et son domaine de compétence se limite aux projets nécessitant des déplacements. Il s'agit ici de revisiter les dispositions de cette politique, afin de saisir son essence même.

1. Les objectifs poursuivis et les impacts couverts par la *politique opérationnelle OP 4.12*

Comme l'indique le titre de ce paragraphe, nous partirons des objectifs de la *politique opérationnelle OP 4.12* de la B.M (a) aux impacts couverts par cette *politique* (b).

a. Les objectifs poursuivis par la *politique opérationnelle OP 4.12*

De manière générale, la *politique opérationnelle OP 4.12* a pour buts de :

- éviter ou minimiser, dans la mesure du possible, la *réinstallation involontaire* en étudiant toutes les alternatives réalisables dans la conception du projet ;

- concevoir et exécuter les activités de réinstallation sous forme de programmes de développement procurant aux personnes déplacées par le projet, suffisamment de moyens d'investissement pour leur permettre de bénéficier des avantages du projet (*lorsqu'un déplacement de populations est inévitable, les populations doivent donc être consultées de manière constructive, avoir la possibilité de participer à la planification et à la mise en œuvre des programmes de réinstallation*) ;
- aider les populations déplacées dans leurs efforts d'amélioration, ou du moins de rétablissement de leurs moyens d'existence et de leur niveau de vie.

b. Les impacts couverts par la politique opérationnelle OP 4.12

La *politique opérationnelle OP 4.12* couvre exclusivement « *les impacts économiques et sociaux directs* »[38], résultant de la mise en œuvre des projets d'investissement financés par la B.M, causés par :

- le *retrait involontaire* des terres, qui provoque :

(i) une relocalisation ou une perte d'habitat ;

(ii) une perte des besoins ou d'accès aux biens ;

(iii) une perte des sources de revenus ou des moyens d'existence (que les personnes aient ou non à se déplacer sur un autre site) ;

- ou la *restriction involontaire de l'accès à des parcs et aires protégées* entraînant des conséquences

[38] Les *impacts directs* désignent ici toute conséquence immédiatement liée au retrait involontaire des terres ou à la restriction de l'accès à des parcs et aires protégées. Les personnes directement affectées par le retrait involontaire de terres peuvent perdre leurs maisons, terres agricoles, propriétés, commerces, bref leurs moyens d'existence.

négatives sur les moyens d'existence des personnes déplacées.

Suite à ces différents impacts, cette *politique* a pris des mesures palliatives. Dans le cas des conséquences générées par le *retrait involontaire des terres*, elle garantit aux *personnes déplacées*[39] le droit :

- d'être informées sur les options qui leur sont ouvertes et les droits rattachés à cette réinstallation ;
- d'être consultées sur les options de réhabilitation technique et économique réalisables, et d'avoir l'opportunité d'effectuer un choix parmi les options identifiées dans le cadre du projet ;
- de bénéficier du paiement rapide et effectif d'une compensation au coût intégral de remplacement pour les biens perdus directement attribués au projet ;
- dans le cas spécifique d'un déplacement physique,

(i) de bénéficier de logements ou de terrains à bâtir (selon les exigences posées), et des terrains agricoles présentant le potentiel de production, les avantages géographiques et les autres avantages, du moins équivalents aux avantages du site de départ ;

(ii) de bénéficier d'une aide au développement, pour une période transitoire d'une durée fondée sur une estimation raisonnable, du temps probable nécessaire au rétablissement de leurs moyens d'existence et de leurs revenus.

En outre, cette *politique* assure la préservation des structures sociales et culturelles existantes des personnes réinstallées, ainsi que celles des communautés hôtes.

[39] Les *personnes déplacées* sont ici des personnes affectées directement par le retrait involontaire des terres ou la restriction de l'accès à des parcs légalement reconnus ou des espaces protégés. Autrement dit, tous ceux qui ont perdu des terres ou le droit d'usage sur les terres, ainsi que tout droit d'accès à des parcs ou espaces protégés.

Comme stratégie de sauvegarde, elle prévoit la fourniture, en tant que de besoin, des infrastructures et des services publics sur les sites de réinstallation ou dans les communautés d'accueil, dans le but d'améliorer, de reconstituer ou de maintenir l'accessibilité des personnes déplacées et des communautés hôtes aux services publics. Dans le cas des projets impliquant une restriction involontaire de l'accès à des parcs légalement reconnus ou à des aires protégées, la nature de la restriction aussi bien que le type de mesures nécessaires à atténuer les impacts négatifs sont déterminés lors de la conception et de l'exécution du projet avec la participation des personnes déplacées. Cette *politique* assure la fourniture des ressources alternatives comparables, pour compenser les pertes d'accès aux ressources dues à la restriction. De plus, elle prête une attention particulière aux besoins des *personnes des groupes vulnérables*[40] au sein des populations déplacées. Pour cette *politique*, *les populations déplacées doivent être dotées d'une aide à la réinstallation, en plus des mesures de compensation* telles que : la préparation des sites, les facilitations d'accès au crédit, la dotation des formations ou des opportunités d'emploi.

2. Les critères d'éligibilité des biens et des personnes à compenser d'après la *politique opérationnelle OP 4.12*

La *politique opérationnelle OP 4.12 de la B.M* fonde ses critères d'éligibilité de compensation sur la base des éléments fondamentaux, que sont : la perte de terre, la

[40]Les *personnes des groupes vulnérables* sont, entre autres : les personnes vivant en dessous du *seuil de pauvreté*, les travailleurs sans terres, les femmes et les enfants, les populations autochtones, les minorités ethniques, et toutes les personnes déplacées risquant de ne pas être protégées par la législation nationale relative à la compensation foncière.

perte d'habitat et d'autres mises en valeur, la perte des commerces (business), la perte d'emploi ou des sources de revenus et la perte d'accès aux ressources. Toutefois, les critères d'éligibilité de compensation dépendent des cas.

a. Dans le cas du retrait involontaire permanent

Sont éligibles à recevoir une compensation et/ou une aide prévue par le *plan de réinstallation*, les catégories de personnes suivantes :

- les détenteurs d'un droit formel sur les terres ;
- les détenteurs de droits coutumiers et traditionnels reconnus par la législation du pays ;
- les personnes qui n'ont pas de droit formel sur les terres au moment du recensement, mais qui ont des titres fonciers ou d'autres documents de propriété légalement reconnus par la loi du pays, ou qui puissent l'être dans le cas d'un processus d'identification dans le plan de réinstallation ;
- les personnes qui n'ont ni droit formel, ni titres susceptibles d'être reconnus sur les terres qu'elles occupent, à condition qu'elles aient occupé ces terres avant la date limite fixée par l'emprunteur et acceptable par la B.M.
- les personnes qui ont été recensées sur le site du projet avant la diffusion de l'information d'un déplacement involontaire.

Les critères de paiement de la compensation pour les pertes de terre dépendent du pourcentage total de terrains perdus. Dans le cas où la perte de terre serait estimée à moins de 20 % du total de terre, la *politique opérationnelle OP 4.12* juge les impacts mineurs, et il est généralement recommandé une compensation en espèces des populations affectées pour le remplacement de leur terre. Dans le cas où les pertes de terre excéderaient les

20 % du total des terres agricoles garantissant les moyens de subsistance, la *politique de réinstallation involontaire* laisse l'opportunité aux personnes déplacées de choisir entre le remplacement des terres par des terres semblables, la compensation en espèces et la réhabilitation économique en lieu et place des terres perdues (WORLD BANK, 2004 : 40- 41).

Par ailleurs, les critères d'éligibilité de compensation pour la perte d'habitat et d'autres mises en valeur dépendent du milieu de résidence. *En milieu rural, la perte de logement due à l'implantation d'un projet financé par la B.M donne lieu au remplacement d'un logement de même dimension et de même standing, voire de dimension et de standing plus élevés.* À la perte des structures agricoles familiales, la *politique de réinstallation involontaire* propose un remplacement de terre de même superficie dans le lieu de réinstallation, et la mise en place des petites activités agricoles, à l'instar de : l'agriculture, l'élevage, la pisciculture et la ferme. Les coûts de remplacement peuvent également couvrir la relocalisation ou la construction des structures publiques ou communautaires et d'autres facilités. Dans le cas où le *retrait involontaire* n'affecterait pas directement les structures résidentielles, la compensation en espèces pour les portions de terrains affectés est proposée. *En milieu urbain, la perte de domicile liée à la réalisation d'un projet de la B.M donne exclusivement lieu à une compensation pécuniaire* d'une partie ou de la totalité du bâtiment affecté.

En ce qui concerne les entreprises, la *politique OP 4.12* prévoit la relocalisation des entreprises affectées sur des terrains de même superficie, plus le paiement d'une compensation de remplacement au coût de la structure, d'une compensation pour les pertes du net à percevoir durant la période de transition, d'une compensation pour les coûts du transfert et de réinstallation des plantes et des machines.

b. Dans le cas du retrait involontaire temporaire

Cette *politique* recommande que les personnes affectées par la perte des terres reçoivent :

- une compensation équivalente aux revenus exacts qu'elles auraient obtenue de leurs terres pendant la période de retrait temporaire ;
- une restauration des terres pour cause d'usage de leurs productivités originelles, ou une compensation pour des coûts de restauration. Une autre pratique est de délivrer dans le contrat un agrément de responsabilité pour la restauration de terre dans leur ancien état d'usage.
- une compensation pour la perte d'accès aux terres ou le droit d'usage des terrains libérés.

La *politique OP 4.12* prévoit qu'en cas de retrait temporaire des personnes d'une structure donnée, une compensation peut être allouée pour restaurer la structure dans son état originel. Toutefois, si la structure est elle-même temporairement réquisitionnée ou utilisée, il est prévu le paiement d'un loyer temporaire de standard raisonnable et équivalent à la structure. En outre, une compensation doit être payée pour les dépenses de déplacement et de réhabilitation des structures.

En ce qui concerne les commerces, la *réinstallation involontaire temporaire* peut provoquer : la perte temporaire d'accès aux facilités, aux fournisseurs ou aux clients. Ce qui peut significativement diminuer la rentabilité des commerces. À cet effet, la *politique OP 4.12* recommande le paiement d'une compensation équitable à l'estimation nette des pertes de l'entreprise.

S'agissant de la perte d'emploi temporaire, il est recommandé un paiement d'une compensation équivalente au salaire régulier des travailleurs ayant temporairement perdu leur emploi. Au-delà de l'identification de la nécessité d'une réinstallation involontaire dans un projet, l'emprunteur a la charge d'identifier les personnes qui seront affectées. L'alternative du remplacement des biens ou des ressources similaires est prévue pour compenser la perte de l'accès aux ressources de la communauté.

3. Les modalités de calcul des compensations selon la *politique opérationnelle OP 4.12*

Avant de parler des modalités de calcul des compensations proprement dites (b), il faut d'abord préciser le principe général guidant cette compensation (a).

a. Le principe général de compensation

D'après cette *politique*, le plan de réinstallation ou le cadre opérationnel de réinstallation doit prévoir une « *compensation préalable et juste* » au coût de remplacement des impacts directement attribués au projet financé par la B.M. En effet, pour une perte significative d'habitat avec la terre, comme moyen de subsistance, la *politique* donne une préférence à la stratégie basée sur le remplacement. Cette stratégie inclut la relocalisation des populations affectées sur les terres domaniales ou les terres privées acquises pour cette opération. Cependant, une compensation pécuniaire élevée peut être allouée, en cas de perte de terre et d'autres éléments, pour assurer le remplacement intégral des prix en vigueur sur le marché local, dans les cas :

- où les moyens d'existence sont basés sur la terre, mais que la parcelle de terre faisant objet d'un retrait involontaire est une infime partie des terres moins viables économiquement ;

- du marché actif des terres (location) ;
- où les moyens de subsistance ne sont pas basés sur la terre.

b. Les modalités de calcul des compensations pour la perte de terre, des constructions et d'autres mises en valeur

Si la terre n'est pas directement remplacée (stratégie de compensation « terre contre terre »), le calcul du *taux de remplacement*[41] pour la perte de terre doit être basé sur l'évaluation des coûts actuels sur le marché local, le potentiel de production équivalent du terrain et les coûts des mesures de réhabilitation. En principe, le coût de compensation des terres agricoles est égal à la valeur marchande d'un terrain d'une capacité ou d'un potentiel de production équivalent dans les environs du terrain concerné.

La compensation pour la perte des structures occupées par les ménages et les équipements publics est déterminée par le calcul de la valeur marchande des coûts de

[41]Selon la *politique de la B.M*, une *compensation* se détermine par *le taux de remplacement*. Le *taux de remplacement* est une méthode d'évaluation des biens, qui aide à déterminer les montants suffisants pour remplacer les biens perdus ainsi que les coûts de transaction relatifs à la réinstallation. En application, cette méthode d'évaluation ne tient pas compte de la dépréciation des structures et des biens. Pour les pertes qui ne peuvent pas être facilement évaluées ou compensées en espèces (accès aux services publics, clients ; activité de pêche, chasse ou utilisation des ressources forestières), des efforts sont faits pour établir l'accès équivalent aux ressources et aux opportunités culturelles acceptables. Par ailleurs, cette méthode intervient là où le droit positif ne prévoit aucune compensation pour le remplacement intégral des coûts des biens affectés. Au-delà des dispositions de la législation d'un pays, elle prévoit des mesures additionnelles nécessaires qui permettent l'augmentation du taux de compensation en vue d'une meilleure réinstallation. En faisant usage de cette méthode d'évaluation, les populations déplacées reçoivent des compensations du moins équivalentes aux biens perdus.

matériaux de construction des nouvelles structures de dimension et de qualité similaire ou meilleure que les structures à remplacer ou de la réparation des structures partiellement endommagées, plus le coût de transport du matériel de construction jusqu'au site, plus le coût de tout travail et frais supplémentaires liés à la construction, plus le coût de tout droit d'enregistrement et de taxe de mutation. Dans la détermination des coûts de remplacement, la dépréciation des biens et la valeur du matériel récupéré ne sont pas prises en compte.

D. Comparaison entre les dispositions nationales et la *politique opérationnelle OP 4.12* de la B.M.

Il est question ici de présenter les points de convergence et de divergence entre les dispositions nationales sur les indemnisations et la *politique OP 4.12* de la B.M.

1. Les points de convergence

La législation sur les indemnisations en vigueur au Cameroun, au même titre que la *politique opérationnelle OP 4.12,* sont toutes favorables :

- au principe d'une *indemnisation préalable et juste*, en cas de perte des biens dus à l'expropriation ou au déplacement involontaire des populations ;
- à la *nature de l'indemnité (compensation)*, qui peut se faire en espèces ou en nature ;
- à *l'indemnisation des terres résultant de la tenure de droit formel* ;
- à *l'indemnisation des terrains nus, viabilisés et non viabilisés,* résultant d'une détention coutumière ayant donné lieu à l'obtention d'un titre de propriété ;

- à la *non-éligibilité des personnes venues s'installer sur le site du projet après la déclaration d'utilité publique* ;
- au *paiement de l'indemnité par la personne morale initiatrice* d'une expropriation ou d'un déplacement involontaire.

2. Les points de divergence

La législation nationale relative à l'indemnisation des populations expropriées et la *politique opérationnelle OP 4.12* de la B.M ne s'accordent pas sur :

- les *modalités de calcul et les taux d'indemnisation* à allouer aux populations déplacées ;
- les *formes de compensation à allouer aux populations expropriées*, qui assurent autant que faire se peut le rétablissement économique et social des populations contraintes au déplacement ;
- l'*octroi d'une aide aux personnes n'ayant ni droit formel, ni titre susceptible d'être reconnu sur les terres qu'elles occupent* depuis une période déterminée, telle que définie par l'emprunteur, en accord avec la B.M ;
- l'assistance aux *groupes vulnérables* ;
- l'*octroi d'une aide couvrant la période transitoire d'une durée* fondée sur une estimation raisonnable du temps nécessaire pour rétablir les moyens d'existence et les revenus des populations réinstallées.

Au final, il en ressort que *les indemnisations pour cause d'expropriation* sont un héritage de la colonisation. De nos jours, elles sont gérées par la législation camerounaise en matière d'expropriation et la *politique opérationnelle OP 4.12* de la B.M. L'étude comparative de ces deux dispositions révèle que *la politique de la B.M est plus favorable à la restitution des biens des expropriés que la législation camerounaise*. Cependant, il reste à savoir, comment ces dispositions ont été appliquées dans le cadre des indemnisations des populations expropriées à Kribi, Lom Pangar et Mekin.

CHAPITRE 2

LES STRATÉGIES CAMEROUNAISES D'INDEMNISATION DES POPULATIONS EXPROPRIÉES À KRIBI, LOM PANGAR ET MEKIN

Fidélie MENDOUGA et Pierre NKOU ABINA

Ce deuxième chapitre se propose de présenter les acteurs institutionnels et les stratégies d'indemnisations appliquées aux populations expropriées à Kribi, Lom Pangar et à Mekin. Il se structure autour de quatre sections, à savoir : les acteurs institutionnels des indemnisations au Cameroun (section A), les stratégies d'indemnisations appliquées aux populations expropriées de Kribi (section B), Lom Pangar (section C) et Mekin (section D).

A. Les acteurs institutionnels des indemnisations au Cameroun

Dans cette section, il est question de présenter les administrations publiques et les principaux acteurs impliqués dans la procédure d'indemnisation au Cameroun.

1. Les administrations impliquées dans la procédure d'indemnisation au Cameroun

Au Cameroun, plusieurs administrations interviennent dans les questions relatives aux indemnisations pour cause d'expropriation. Cependant, l'intervention de certaines administrations est dépendante du type de projet et des biens frappés par le décret d'expropriation. Les administrations les plus en vue dans la procédure d'indemnisation sont : le ministère des Domaines, du Cadastre et des Affaires foncières (MINDCAF) ; le ministère du Développement urbain et de l'Habitat (MINDUH) ; le ministère de l'Administration territoriale et de la Décentralisation (MINATD) et le ministère de l'Agriculture et du Développement rural (MINADER). La présente section est consacrée à la description des rôles que jouent ces différentes administrations publiques dans le processus d'indemnisation.

a. Le ministère des Domaines, du Cadastre et des Affaires foncières (MINDCAF)

D'après l'article 3 du décret du 18 septembre 2012[42], le MINDCAF est responsable de l'acquisition et de l'expropriation des biens immobiliers au profit de l'État, des établissements publics, administratifs et des sociétés à capitaux publics, en liaison avec le ministère des Finances, les administrations et organismes publics concernés. Dans les services centraux de ce département ministériel, les questions d'indemnisations relèvent de la compétence de la *Direction des Domaines* ; de la *sous-direction des expropriations et des indemnisations*, et du *service des indemnisations*. En effet, la *Direction des Domaines* est chargée de l'application de la législation sur l'expropriation pour cause d'utilité publique et des indemnisations y afférentes. Placée sous l'égide de la *Direction des Domaines*, la *sous-direction des expropriations et des indemnisations* s'occupe, entre autres, de :

- la vulgarisation des normes et procédures d'expropriation et d'indemnisation à respecter par les administrations publiques, les collectivités territoriales décentralisées et les autres personnes

[42] Décret n° 2012/390 du 18 septembre 2012 portant *Organisation du ministère des Domaines, du Cadastre et des Affaires foncières.*

morales de droit public, initiatrices de projets publics ayant une emprise sur le sol ;

- la conduite des procédures légales d'acquisition des terrains par voie de droit public et de l'apurement des droits indemnitaires des personnes expropriées.

Le *service des indemnisations*, quant à lui, assure l'élaboration et le suivi de l'application des normes d'indemnisation. Il est chargé du contrôle de l'apurement des droits indemnitaires des personnes expropriées et du suivi de la gestion du contentieux de l'indemnisation en liaison avec la *Division des Affaires Juridiques* (article 36 du décret du 18/09/2012).

S'agissant des services déconcentrés du MINDCAF, il convient de noter que les questions d'indemnisations relèvent de la compétence du *service régional des domaines*. Ce service est chargé du suivi de la conduite des expropriations pour cause d'utilité publique et des indemnisations y afférentes au sein de la région. Au niveau départemental, les questions des indemnisations sont gérées par les *services départementaux des domaines et du cadastre*. En effet, le *service départemental des domaines* est chargé de l'expropriation pour cause d'utilité publique. Il est responsable du suivi, de la mise en forme des dossiers résultant des travaux des commissions réglementaires. Le *service départemental du cadastre*, quant à lui, est responsable de la participation aux travaux d'expropriation pour cause d'utilité publique. Il est chargé de l'organisation de la mise en œuvre des travaux à réaliser dans le cadre des commissions consultatives. Si le MINDCAF initie la mise en place de la *commission de constat et d'évaluation*, qu'en est-il des autres administrations ?

b. Le ministère de l'Administration territoriale et de la Décentralisation (MINATD) et le ministère de l'Agriculture et du Développement rural (MINADER)

Les services déconcentrés du MINATD représentent territorialement le Chef de l'État et le Premier ministre, chef du gouvernement. Ses responsables locaux assurent ainsi la présidence de la *commission consultative* aux niveaux du département et de la région. Selon leur niveau de compétence, les gouverneurs et les préfets sont les signataires des actes, qui mettent en place les *commissions de constat et d'évaluation des biens* dans la procédure d'expropriation. Ils conduisent, selon les cas, les *enquêtes préalables*, et sont saisis en cas de contentieux d'expropriation.

D'après l'article 2 du décret du 15 avril 2005[43], le MINADER est responsable de l'élaboration, de la mise en œuvre et de l'évaluation de la politique du gouvernement dans les domaines de l'agriculture et du développement rural. Ses responsables locaux sont, entre autres, chargés de l'élaboration de la réglementation et des normes, de leur contrôle et de leur application. De ce fait, le *délégué départemental du MINADER* est membre de la CCE des biens à indemniser. Son rôle consiste à identifier et évaluer les cultures à détruire en cas d'expropriation.

c. Le ministère du Développement urbain et de l'Habitat (MINDUH)

En référence au décret du 4 septembre 2012[44], les *chefs de service départementaux des opérations urbaines et du développement social* du MINDUH participent aux procédures d'expropriation mettant en cause les

[43] Décret n° 2005/118 du 15 avril 2005 portant *Organisation du MINADER.*

[44] Décret du 4 septembre 2012 portant *Organisation du MINDUH.*

habitations. En tant que membres de la *commission départementale de constat et d'évaluation*, ils ont pour rôle d'évaluer la valeur des habitations faisant partie du périmètre de la DUP et de fixer les tarifs d'indemnisation de ces habitations sur la base de l'arrêté du 20/11/1987. Les administrations impliquées dans le processus d'indemnisation ainsi présenté, il convient de faire un aperçu sur les acteurs impliqués dans cette procédure.

2. Les principaux acteurs impliqués dans la procédure d'indemnisation au Cameroun

Plusieurs acteurs sont impliqués dans la procédure d'indemnisations au Cameroun. Les plus en vue sont :

- **La personne morale de droit public, responsable de l'expropriation**

Elle peut être : une collectivité publique locale (commune, région), un établissement public, un concessionnaire de services publics, une société d'État ou un département ministériel. Elle intervient dans toutes les phases de *l'enquête d'expropriation* et supporte toutes les charges liées aux indemnisations.

- **Le ou les chef(s) et notable(s) des domaines privés frappés d'expropriation**

Ils jouent le rôle d'intermédiaires entre les administrations publiques et les populations concernées par l'expropriation. À cet effet, ils transmettent toutes les informations destinées aux populations, et aident les autres membres de la CCE dans l'identification des personnes victimes d'expropriation et de biens frappés de destruction. Ils jouent aussi un rôle important dans la négociation des indemnisations à allouer aux populations.

- **Les membres de la commission de constat et d'évaluation**

Provenant de différentes administrations, ils sont chargés de conduire l'*enquête d'expropriation.* À ce titre, ils identifient les personnes à indemniser, évaluent les biens frappés de destruction, et fixent les barèmes de compensations. Ils se chargent également d'examiner les plaintes, qui leur sont soumises, et apportent d'éventuelles solutions.

- **Les populations expropriées**

Elles interviennent dans l'*enquête d'expropriation,* pour aider les membres de la CCE à cerner les limites exactes de chaque domaine privé concerné par l'expropriation. En outre, elles participent à toutes les séances de réunions relatives à la négociation des indemnisations.

- **Le ministre des Domaines, du Cadastre et des Affaires foncières**

Il a pour rôle de définir le niveau de compétence de la *commission de constat et d'évaluation,* qui doit siéger lors d'une *enquête d'expropriation.* Par ailleurs, il lui incombe aussi la responsabilité de fixer les modalités de paiement des indemnisations.

- **Le Premier ministre**

Il certifie, par décret, les montants des indemnisations à allouer aux populations expropriées.

Si la procédure d'indemnisation au Cameroun s'effectue sur la base des textes légaux, et implique les acteurs prédéfinis par la loi, il reste à savoir les stratégies d'indemnisation adoptées dans le cadre des projets structurants de Kribi, Lom Pangar et Mekin.

B. La particularité des indemnisations effectuées à Kribi

Il est question ici de présenter les principes ayant sous-tendu les indemnisations des populations expropriées à Mboro et Lolabè (1), de dévoiler les formes de compensation et la stratégie de paiement ayant prévalu dans le cadre de ces indemnisations (2, 3).

1. Les principes sous-tendant les indemnisations des populations expropriées de Mboro et Lolabé

Ils peuvent se subdiviser en deux sous-paragraphes, à savoir : les principes généraux d'indemnisation et ceux relatifs aux critères d'éligibilité des biens et des personnes à indemniser.

a. Les principes généraux des indemnisations de Mboro et Lolabé

Le projet de Kribi a appliqué les lois camerounaises en matière foncière, d'indemnisation et de réinstallation, ainsi que la *directive OP 412* de la B.M. En cas de différence entre les lois camerounaises et l'*OP 412*, c'est la partie la plus favorable aux populations impactées qui a été appliquée.

Les régimes de propriété des terres au Cameroun sont régis par les ordonnances 74/1, 74/2 et 74/3 du 6 juillet 1974. Au niveau de la gestion des terres et de l'expropriation, c'est le MINDCAF, avec ses services déconcentrés dans les régions et les départements, qui en sont responsables. Néanmoins, la loi du 22 juillet 2004 prévoit un rôle aux collectivités territoriales décentralisées dans la gestion de la question foncière. En effet, en matière de gestion foncière, l'article 13 (2 et 3) de la loi n° 2004/017 du 22 juillet 2004 stipule que *« pour les projets ou opérations qu'il initie sur le domaine national, l'État prend la décision après consultation du conseil municipal de la commune concernée ».*

b. Les principes sous-tendant la stratégie de réinstallation et de compensation

i. Principes généraux

Le projet applique les principes généraux suivants :

- *Application de la législation camerounaise et de la politique de la Banque mondiale*. Dans le cas où ces deux ensembles réglementaires seraient différents, le projet applique celui qui est le plus favorable aux personnes affectées par le projet. C'est le cas par exemple au niveau des habitations, qui sont indemnisées par rapport à leur valeur de remplacement (règle de la B.M) et non sur leur valeur réelle (loi camerounaise)
- *Minimisation des déplacements* : La conception et l'évolution du projet sont conduites de façon à minimiser les impacts sur les personnes et les biens. En particulier, les déplacements physiques (affectant des zones habitées) sont évités autant que possible. C'est la raison pour laquelle il a été demandé et obtenu du projet que les installations portuaires s'étendent au minimum sur la côte.
- *Priorité au remplacement en nature* des biens affectés sur la compensation en espèces. C'est le cas des terres agricoles.

ii. Principes relatifs à l'éligibilité et à la compensation de l'occupation des terres

Les Personnes Affectées par le Projet (PAP), reconnues comme détentrices d'un droit sur les terres acquises ou occupées par le projet, sont éligibles au bénéfice de la politique de réinstallation du projet. Ceci s'applique aussi bien aux détenteurs d'un droit formel reconnu par un titre foncier, permis d'occuper, concession ou autre document officiel, qu'aux personnes reconnues par les autorités traditionnelles comme détentrices d'un *droit coutumier d'occupation et d'usufruit des terres*. Dans notre cas, en zone rurale, une minorité a un titre de propriété ; on a affaire principalement à des propriétaires coutumiers. Conformément à la *directive OP 4.12* de la B.M, et pour chacune des composantes au sein du projet, une date limite d'éligibilité doit être déterminée. Dans notre cas, cette date limite est la date de démarrage des opérations de recensement destinées à déterminer les ménages et les biens éligibles à la compensation, à savoir : *octobre 2010.*

Compensation

L'acquisition ou l'occupation par le projet de terres donne lieu à une compensation des détenteurs de droits sur ces terres. Comme indiqué au paragraphe précédent, ce principe s'applique, quelle que soit la nature des droits d'occupation détenus, que ceux-ci soient sanctionnés par un titre ou autre document ou non. La compensation peut prendre la forme :

- soit d'une *indemnisation en numéraire* ;
- soit d'une *assistance en nature*, par exemple sous la forme de mise à disposition de terres remplaçant les terres perdues du fait du projet.

Dans la mesure où l'économie de la région affectée est essentiellement agricole et que personne n'a de titre de propriété légal, le projet proposera le remplacement des terres acquises ou occupées par des terres de potentiel agricole équivalent. Les principes de compensation seront les suivants :

- quelle qu'en soit la forme (en nature ou en argent), l'indemnisation sera réglée avant le déplacement ou l'occupation des terres ;

- l'indemnisation sera calculée à la valeur intégrale de remplacement du bien perdu.

S'agissant des *bâtiments*, et par opposition à la valeur nette ou dépréciée d'un bâtiment, la valeur intégrale de remplacement comprend le coût intégral des matériaux et de la main-d'œuvre nécessaires pour reconstruire un bâtiment de surface et de standing similaires. En d'autres termes, la personne affectée doit être capable de faire reconstruire son bâtiment sur un autre site en utilisant l'indemnisation payée pour l'ancien bâtiment. *La plupart des gens n'ont pas choisi une indemnisation en nature ; aussi, pour elles, les reconstructions seront effectuées par elles-mêmes.*

S'agissant des *cultures pérennes*, la valeur intégrale de remplacement doit prendre en compte non seulement la valeur des récoltes perdues du fait de la destruction de la culture, mais également le coût de son ré-établissement jusqu'à un stade équivalent à celui où elle se trouvait lorsqu'elle a été détruite.

Pour les *cultures vivrières*, on compte le manque à gagner venant de l'éventuelle récolte perdue et on paie les frais de mise en valeur du nouveau terrain.

Il reste deux cas spécifiques : la pêche et la chasse. La principale mesure efficace sera que les lieux de réinstallation soient propices à ces activités.

Enfin, en plus d'une *prime de déménagement*, des infrastructures utiles, comme des chambres froides et des crédits pour l'achat de pirogues, seront prévues.

iii. Procédure de déplacement de populations et stratégie par rapport à la population hôte

Le projet de construction du port de Kribi nécessitera le déplacement physique de populations. Les *principes de reclassement* sont les suivants :

- Le choix des emplacements potentiels de reclassement implique les représentants locaux du gouvernement (soit la préfecture, soit la sous-préfecture), et bien sûr les communautés affectées et les communautés hôtes.
- Le choix de ces emplacements de reclassement sera basé sur les critères suivants :
  - ✓ surface suffisante pour construire les habitations des déplacés ;
  - ✓ accès possible aux services essentiels (eau, santé, éducation). Si ceux-ci sont insuffisants ou le deviennent en raison de l'arrivée de nouveaux habitants, le projet devra les renforcer ;
  - ✓ possibilité d'avoir de nouvelles terres de taille et de potentiel agricole au moins équivalents aux anciennes et des terrains giboyeux suffisants pour les pygmées *Bagyelli* ;
  - ✓ lieu socialement et culturellement acceptable, et formellement admis par les représentants du gouvernement, la communauté affectée et la communauté hôte.

Une discussion devra aussi être conduite avec la population hôte pour que l'arrivée des nouvelles populations ne constitue pas un problème, mais au contraire une opportunité au travers de l'amélioration des services publics, de la participation à un projet de développement, etc.

Dans les faits, ce processus est déjà bien entamé par l'équipe chargée du recensement des PAPs.

iv. Consultation

Comme indiqué au tableau 1, les exigences de la B.M, dans ce domaine, vont au-delà des dispositions réglementaires camerounaises. Le projet peut se conformer à la politique de la B.M, au travers :

- des *campagnes d'information et de consultation*, qui devront être engagées avant que le processus de compensation ou de réinstallation ne soit lancé dans chaque site susceptible d'être concerné. Ce processus se poursuivra durant toute la mise en œuvre et le suivi. Après le recensement et sur la base d'un projet de PAR, ces actions devront être conduites au niveau de chaque site affecté ;
- d'un *mécanisme spécifique d'enregistrement des plaintes*, qui devra être mis en place. L'installation d'un bureau du projet après la phase de recensement sur le terrain répondra à cette exigence.

v. Matrice d'éligibilité

À partir du principe d'éligibilité mis en place sur la base des lois camerounaises et des directives du groupe Banque mondiale, une matrice d'éligibilité (impact/éligibilité/droit à compensation) est présentée dans le tableau 1 ci-après.

Tableau 1 : Matrice d'éligibilité

Impact	Éligibilité	Droit à compensation ou réinstallation
Perte de terrain titré	Être le titulaire d'un titre foncier valide et enregistré (pour mémoire)	Compensation de la parcelle à la valeur intégrale de remplacement ou Réinstallation sur une parcelle similaire si le titulaire du *titre foncier* est également résident sur place.
Perte de terrain cultivable et cultivé non titré	Être l'occupant reconnu d'une parcelle cultivable et cultivée (reconnu par les chefs coutumiers, notables et voisins). Les propriétaires coutumiers sont considérés comme des occupants de bonne foi de la terre, et sont éligibles aux mesures décrites ci-contre. Ils ne sont pas *éligibles à une compensation monétaire* pour un terrain non titré, qui est automatiquement considéré comme appartenant à l'État.	*Pas de compensation monétaire pour la parcelle*, les occupants reconnus de terres cultivables et cultivées sont *éligibles à la réinstallation.* Une option de réinstallation leur est offerte, comportant : - le remplacement des bâtiments, si applicable (voir ci-dessous) - le remplacement des parcelles agricoles par des terres de potentiel agricole équivalent, situées à une distance acceptable de la résidence de la personne concernée Les mises en valeur réalisées sur les terrains sont éligibles à une compensation à la valeur intégrale de remplacement (exemple : défrichage, canaux d'irrigation, puits, diguettes, travail du sol, etc.) ou au remplacement sur un terrain de réinstallation.
Perte de terrain non cultivé	Communautés villageoises, éleveurs, orpailleurs	Compensation au niveau communautaire (voir : rubrique « ressources naturelles et brousse ») - appui pour trouver de nouveaux pâturages et de nouveaux couloirs de transhumance,

		appui à l'intensification de l'élevage et compensation de la perte de revenu encore durant la période nécessaire pour ré-établir l'activité sur un autre site - appui pour trouver de nouveaux sites d'orpaillage, - appui à la reconversion et compensation de la perte de revenu encourue durant la période nécessaire pour ré-établir l'activité sur un autre site ou durant la période de reconversion.
Perte de cultures	Être reconnu comme ayant établi la culture	Cultures pérennes : compensation à la valeur intégrale de remplacement de la culture considérée (prenant en considération la valeur du plant, le travail nécessaire au ré-établissement de la culture, et la perte de revenu pendant la période nécessaire au ré-établissement à la valeur du marché du produit considéré) Cultures annuelles : si la culture est détruite avant d'avoir pu être moissonnée, compensation à la valeur actuelle du marché du produit perdu.

Perte de bâtiment	Cas 1 : propriétaire résident, reconnu comme propriétaire par le voisinage Cas 2 : propriétaire non résident, reconnu comme propriétaire par le voisinage Cas 3 : locataire, reconnu comme locataire par le voisinage	Cas 1 : compensation du bâtiment à la valeur intégrale de remplacement (valeur du marché s'il est possible de se référer à des transactions de ce type de bâtiment + indemnité de déplacement). ou Réinstallation dans un bâtiment de caractéristiques et de surfaces équivalentes ou supérieures + indemnité de déménagement. Cas 2 : compensation du bâtiment à la valeur intégrale de remplacement (valeur du marché s'il est possible de se référer à des transactions pour ce type de bâtiment). Cas 3 : compensation du coût de déplacement, comprenant (i) les frais encourus pour louer un logement similaire (trois mois de loyer de dépôt de garantie) et (ii) indemnité de déménagement.
Déménagement	Être résident et éligible à la réinstallation	Prise en charge du coût du déménagement, de préférence en nature (mise à la disposition d'un véhicule pour transporter les effets personnels)
Perte d'activité commerciale ou artisanale	Être reconnu par le voisinage et les autorités comme l'exploitant de l'activité (cas des orpailleurs)	Compensation de la perte de revenus encourue durant la période nécessaire pour ré-établir l'activité sur un autre site + appui en vue de l'adaptation à ces nouveaux sites.
Changement dans les conditions d'exercice de la profession	Pêcheurs	Appuis structurels (formation, crédit) durant une période suffisante pour que ces professionnels puissent s'adapter à leur nouvel environnement et

		compensation de la perte de revenus pendant la période nécessaire à leur adaptation.
Perte d'emploi	Être un employé d'une activité affectée (pour mémoire, car n'existe pas dans les villages recensés)	Compensation de la perte de salaire durant la période nécessaire pour ré-établir l'activité sur un autre site.
Ressources naturelles et brousse	Village considéré traditionnellement comme propriétaire de la zone concernée	*Compensation communautaire* au village traditionnellement propriétaire, sur la base d'un taux forfaitaire appliqué à la surface occupée ou acquise.

Sources : Rapport définitif du Plan d'action de réinstallation et d'indemnisation du 22 décembre 2010 + Georges JAY et al (2011 : 116-118).

2. Les barèmes de compensation

Les compensations peuvent être vues à deux niveaux :

- *Pertes de biens et de revenus individuels* : habitations, tombes, cultures, pêche, chasse, etc.
- *Pertes de biens communautaires* : lieux de culte et autres bâtiments publics (écoles, centres de santé, lieux de réunion), lieux sacrés, forêts, etc.

Les compensations pourront prendre plusieurs formes :

- indemnisations *en numéraire* (pertes de cultures, de tombeaux, de revenus) ;
- compensations *en nature* (bâtiments privés ou publics, appui technique) ;
- compensations *par actions de développement et d'appui* (projets de pêche, agriculture).

Pour les cultures : on prend comme base les tarifs légaux du décret du 25 février 2003 fixant les indemnités à allouer au propriétaire de cultures et arbres cultivés victimes d'expropriation pour cause d'utilité publique.

Pour les bâtiments : on prend comme base les tarifs légaux de l'arrêté n° 0245/MINFI du 5 mars 2008 fixant les modalités d'application du décret n°2006/3023 du 26 décembre 2006 fixant les modalités d'évaluation administrative des immeubles en matière fiscale.

Les autres indemnisations et compensations (habitations, tombes, pêche, forages) sont basées sur des recherches auprès d'entrepreneurs du bâtiment (maisons), services techniques (forages).

Pour les actions spécifiques de développement, les coûts seront indiqués dans le *Plan d'appui aux communautés locales* du PGES.

a. Les terres cultivables

Comme rappelé dans la matrice d'éligibilité (tableau 1), il est indiqué que les *terrains nécessaires au projet ne faisant l'objet d'aucun titre foncier ne seront pas indemnisés*, et par conséquent, ils ne font pas l'objet d'une évaluation.

b. Les cultures vivrières

Le prix d'indemnisation des produits est déterminé par :

- la valeur de la marchandise produite dans les marchés de la région, où en cas de manque, l'exploitant doit s'approvisionner ;
- les coûts de défrichement pour une nouvelle culture depuis un champ de forêt, soit entre 100 et 200 mille FCFA, selon les informations recueillies dans les villages. Le prix retenu est de 250 000 F/ha, soit 25 FCFA/m^2 ,

- les coûts des plantules, semences et boutures, dont le prix varie pour chaque produit.

Les règles suivantes ont été appliquées :

- les tarifs appliqués sont le maximum entre le tarif légal et le tarif COTCO, et le tarif justifié selon la saison au marché de Kribi en octobre 2010[45] ;
- toutes les cultures annuelles seront indemnisées aux tarifs : adulte et polyculture.

Le manioc

- Le manioc est le principal produit indemnisé. Des relevés sur le marché de Kribi, auprès des revendeuses buyam-sellam, en octobre 2010 montrent que le produit frais coûte 110 FCFA/kg, et la farine 349 FCFA/kg. Un kilogramme de farine correspond grosso modo à 3 kg de produit frais ; donc en farine, le manioc coûte 124 FCFA/kg de produit frais, et la moyenne générale est de 117 FCFA/kg. Ce prix est environ 20 % plus cher que le prix moyen de 95 FCFA/kg observé en 2000. Le prix moyen depuis 12 mois sur les marchés de Yaoundé et Douala est de 114 FCFA/kg.
- Les études menées entre 1997 et 2000 ont montré que la productivité du manioc sur 9 échantillons était en moyenne de 7070 kg/ha. Au prix moyen du manioc frais de 117 FCFA/kg, la valeur à l'ha du manioc est de 827 190 FCFA/ha ou 83 FCFA/m^2, auquel s'ajoutent 25 FCFA/ha pour le défrichement

[45] Une cinquantaine de relevés de prix ont été faits au marché de Kribi le 10 octobre 2010, et l'institut national de la statistique (INS) a gracieusement fourni les données des principaux produits alimentaires à Douala et Yaoundé, qui ont été utilisées pour calculer le prix moyen annuel pour la période octobre 2009-septembre 2010.

et 20 FCFA/m2 pour les boutures, soit une valeur totale de 138 FCFA/m^2.

- Le tarif COTCO était de 200 FCFA/m^2 et le tarif légal pour le manioc est de 300 FCFA/m^2. Ces tarifs permettent de payer amplement l'indemnisation du manioc.

La polyculture

- o La plupart des champs dans la zone concernée a été plantée en polyculture, où le manioc, en tant que principale culture, est mélangé à des produits secondaires, tels que : concombre, taro, macabo, patate douce, quelques pieds de banane douce et plantain, et des condiments. Cette somme de cultures doit permettre aux exploitants de mieux gérer leur champ et de mieux produire.
- La valeur du m^2 en polyculture a été fixée à 250 FCFA/m^2 pour l'indemnisation.
- Les observations sur le principal produit, le manioc, indiquent que cette somme couvre largement les coûts des champs de la zone.

Tableau 2 : Prix de tarifs de compensation pour les produits vivriers

Produit	Genre de produit	Tarif Cotco	Tarif légal	Tarif Projet
Ananas	ananas jeune	200 F	150F	300 F
Canne à sucre	canne à sucre adulte	70 F	75 F	75 F
Concombres	légumineuses monoculture	100 F	150 F	250 F
Macabo	tubercules jeunes	200 F	100 F	300 F
	tubercules adultes	200 F	300 F	300 F
Manioc	tubercules jeunes	200 F	300 F	300 F
	tubercules adultes	200 F	300 F	300 F

Source : Rapport définitif du Plan d'action de réinstallation et d'indemnisation du 22 décembre 2010.

c. Les cultures pérennes

Le calcul de la valeur intégrale de remplacement impose de ne pas considérer seulement le produit de la culture sur une année, mais de prendre en compte le coût de ré-établissement de la plantation (plants, labour, engrais et autres), ainsi que le revenu perdu pendant les années nécessaires au ré-établissement de la plantation. Les taux de compensation ont donc été calculés, conformément au principe de la valeur intégrale de remplacement, sur les bases suivantes. Soit :

- V : Valeur moyenne de commercialisation du produit d'un arbre en FCFA/an.
- D : Durée de rétablissement moyenne de l'arbre à un niveau de production adulte en années.
- CP : Coût de plantation (plant, travail du sol, fertilisation initiale) en FCFA.
- CL : Coût du travail nécessaire à la plantation et à l'entretien pendant la durée de rétablissement de la plantation en FCFA.
- Le montant de la compensation est :
  C = V x D + CP + CL

Pour ne pas multiplier les cas de calcul, les jeunes arbres non productifs et les arbres en production ont été retenus sans faire de catégories intermédiaires. Pour la majorité des productions, les différentes données (prix des plants, des produits, rendements) ont été collectées auprès de différentes personnes (villageois, pépiniéristes, services agricoles). Enfin, comme pour les cultures vivrières, les tarifs appliqués sont le maximum entre le tarif légal, le tarif COTCO et le tarif des consultants.

Banane plantain et banane douce

Dans les villages, les régimes de plantain, selon leur taille, sont vendus entre 1000 et 2500 F CFA.

Le marché de Kribi est traditionnellement un marché très cher par rapport aux autres marchés en zone forestière au Cameroun. Des relevés, faits en octobre 2010 sur le marché, ont estimé le prix d'un régime de plantain à 3185 FCFA et d'un régime de bananes douces à 1433 FCFA. À ces prix, il faut ajouter les frais de défrichement de 200 000 FCFA/ha avec 1200 plantes ; soit 167 FCFA/plante. Au prix du marché de Kribi, le coût de remplacement d'une banane plantain en 2010 est donc de 3352 FCFA/pied ; d'une banane douce de 1600 FCFA/pied. Les prix de compensation proposés tiennent compte de la valeur au village et de la valeur au marché de Kribi : 2500 FCFA/pied pour une banane plantain et 2000 FCFA/pied pour une banane douce.

Les arbres de cultures de rente : cacao, café, palmier à huile

Dans la zone, seul le palmier à huile est exploité de façon intensive. Dans le cadre du projet COTCO, les études scientifiques avaient permis d'estimer leur production à 2750 kg x 5 ans pour 150 arbres/ha ; soit 92 kg de noix de palme/arbre. Selon la même étude, 1 kg de noix de palme produit 350 g d'huile.

En 2010, le kg de noix de palme à Kribi coûtait 150 FCFA, 350 ml d'huile rouge coûte 235 FCFA. En moyenne, la valeur des noix est de 193 FCFA/kg. Le vin de palme coûte au village 150 FCFA/litre, sa production avait été estimée en 2000 à 118 litres, soit une valeur de 17 700 FCFA, qui s'ajoute à la valeur du palmier en fin de vie.

À partir de ces données, la valeur du palmier à huile local peut être estimée à 92 kgx193 FCFA = 17 756 FCFA, à laquelle s'ajoute le défrichement de la palmeraie (250 000 FCFA/ha, soit 1667 FCFA/pied) et les plantules (1500 FCFA/pied), soit un total de 20 922 FCFA. En incluant le vin de palme, la valeur du palmier devient 38 558 FCFA.

Le palmier amélioré produit en moyenne 6600 kg/ha x 5 ans pour 150 arbres/ha, soit 220 kg pour une valeur de 42 460 FCFA + 1667 FCFA pour le défrichement et 1500 FCFA pour les plantules et 17 700 FCFA pour le vin de palme, soit au total 63 327 FCFA.

Le cacao est peu cultivé dans la zone. Les tarifs COTCO sont basés sur une production de 1200 kg/ha, et un prix de 650 FCFA/kg ; la provision pour défrichement et les plantules étaient de 3200 FCFA/pied. Avec le prix actuel du cacao, qui ne dépasse pas 1500 FCFA, selon la même méthodologie, le pied de cacao coûterait 7000 FCFA. Le tarif légal, qui est actuellement de 25 000 FCFA/pied, couvre largement les frais.

Les arbres fruitiers

Les différences entre les tarifs que l'État applique pour les arbres fruitiers (dont la plupart valent entre 30 et 50 mil FCFA/pied) et les tarifs appliqués par COTCO sont dans l'appréciation de l'utilisation de la production : pour COTCO, l'indemnisation couvre l'achat de la production sur 5 ans dans le marché, tandis que pour l'État, l'utilisation effective des fruits prime. En appliquant les prix du marché observés en octobre 2010, les valeurs des arbres fruitiers seraient nettement plus élevées que les tarifs appliqués par COTCO. Cependant, en appliquant un taux de vente réel et en incluant les variations saisonnières, les prix de COTCO apparaissent comme plus proches de la réalité que les prix du gouvernement.

La noix de coco se vend un peu moins cher dans les villages que le tarif retenu dans les calculs de COTCO : 50 FCFA/noix au lieu de 84 FCFA/noix. Le prix de COTCO est donc suffisant pour la compensation.

Tableau 3 : Prix de tarifs de compensation pour les arbres fruitiers

Produit	Genre de produit	Tarif Cotco		Tarif légal		Tarif Projet	
Arbre à pain	arbre à pain	29 000	F	25 000	F	29 000	F
Avocatier	avocatier jeune	31 000	F	5 000	F	31 000	F
	avocatier adulte	155 000	F	35 000	F	155 000	F
Badamier	Badamier	29 000	F	25 000	F	29 000	F
Citronnier	Agrumes jeunes	32 000	F	5 000	F	32 000	F
	Agrumes adultes	160 000	F	50 000	F	160 000	F
Cocotier trad.	Cocotier local <3 ans	3 000	F	2 500	F	3 000	F
	Cocotier local 3-25 ans	15 000	F	10 000	F	15 000	F
Corossolier	corossolier	7 500	F	10 000	F	10 000	F
	corossolier	29 000	F	25 000	F	29 000	F
Goyavier	goyavier	7 500	F	10 000	F	10 000	F
	goyavier	29 000	F	25 000	F	29 000	F
Mandarinier	Agrumes adultes	160 000	F	50 000	F	160 000	F
Manguier	Manguier jeune	31 000	F	5 000	F	31 000	F
	Manguier adulte	155 000	F	35 000	F	155 000	F
Manguier sauvage	manguier sauvage	15 000	F	5 000	F	15 000	F
Oranger	Agrumes jeunes	32 000	F	5 000	F	32 000	F
	Agrumes adultes	160 000	F	50 000	F	160 000	F
Palmier à huile	Palmier local <3 ans	3 000	F	2 500	F	3 000	F
Traditionnel	Palmier local 3-25 ans	30 000	F	10 000	F	38 558	F
Papayer	Papayer jeune	750	F	1 000	F	1 000	F
	Papayer adulte	4 800	F	2 000	F	4 800	F
Safoutier	Safoutier jeune	15 000	F	20 000	F	20 000	F
	Safoutier adulte	88 000	F	50 000	F	88 000	F
Banane douce	Banane jeune	350	F	800	F	800	F
	banane adulte	1 100	F	1 200	F	2 000	F

Tableau 4 : Prix de tarifs de compensation pour les cultures pérennes

Produit	Genre de produit	Tarif Cotco		Tarif légal		Tarif Projet	
Banane plantain	Plantain jeune	600	F	1 000	F	1 000	F
	Plantain adulte	1 600	F	1 500	F	2 500	F
Cacao	Cacao/café 3-25 ans	3 200	F	25 000	F	25 000	F

Source : Rapport définitif du Plan d'action de réinstallation et d'indemnisation du 22 décembre 2010.

d. Les bâtiments

- Suivant la catégorisation du décret de 2006, les maisons sont de trois types : matériau provisoire, semi-dur et dur.
- Les *maisons en construction* seront indemnisées en fonction de leur avancement, en utilisant la grille établie par l'institut national de la statistique (INS) et en considérant les divers éléments complétés.

Maisons

Plusieurs contacts ont été pris pour estimer les coûts de construction des maisons de réinstallation, mais les tarifs indiqués varient énormément. À Yaoundé, l'entreprise KETCH propose des maisons en briques stabilisées à 5 % de ciment et de construction en très haute qualité (avec branchement eau et électricité ; salle de bain carrelée, etc.) pour environ 250 000 FCFA/m² bâti. D'autres entrepreneurs à Yaoundé indiquent un prix de 80 000 FCFA/m2 pour une maison en semi-dur et 200 000 FCFA/m² pour une maison en dur simple de catégorie 1.

Les tarifs légaux de l'arrêté du 5 mars 2008 fixant *les modalités d'application* du décret du 26/12/2006 fixant *les modalités d'évaluation administrative des immeubles en matière fiscale*, évaluent la valeur d'une maison en dur à

112 500 FCFA/m² et la maison en semi-dur à 70 310 FCFA/m² et une maison en matériau provisoire à 10 940 FCFA/m².

En attendant d'autres propositions demandées, nous avons utilisé, dans cette estimation, les tarifs suivants :

- maison en semi-dur = 100 000 FCFA /m² bâti, avec un minimum de 50 m² ; soit, 5 000 000 FCFA ;
- maison en dur = 200 000 FCFA/m² bâti, avec un minimum de 50 m² ; soit, 10 000 000 FCFA ;
- viabilisation = environ 20 millions de FCFA/km.
- latrine améliorée/salle d'eau d'un coût d'environ 500 000 FCFA ;
- forage d'eau privé d'un coût d'environ 5 000 000 FCFA ;
- les maisons actuelles des pygmées *Bagyelli*, étant les plus simples et les plus petites, seront toutes remplacées par des maisons de la taille minimale de 50 m² ;
- les maisons de réinstallation seront au moins en semi-dur : toiture en tôle ; murs en briques de terre stabilisée et crépis ; sol cimenté. Les ouvertures seront en volets, comme c'est le cas dans les maisons actuelles ;
- les maisons en matériaux provisoire et semi-dur seront indemnisées ou compensées au tarif semi-dur, les maisons en dur au tarif dur ;
- les maisons en construction seront indemnisées au *prorata* de leur état d'avancement ;
- les maisons auront au moins la même surface et le même nombre de pièces que les maisons d'origine ;
- les maisons auront au moins deux chambres de 12 m² chacune, un salon de 20 m² et une véranda de 6 m², soit au total 50 m² ;

- toutes les maisons auront des latrines/salles d'eau d'un modèle amélioré, reconnu de bonne qualité.

Terrains de construction

L'habitat dans les villages est actuellement très espacé, et il importe que dans les villages de réinstallation, les parcelles accordées aux populations réinstallées soient suffisamment grandes pour correspondre aux besoins d'espace actuels. Pour les besoins de planification, ce rapport prévoit des parcelles de 30 x 50 m ; soit, 1500 m².

Cuisines

Les cuisines sont des bâtiments moins complets que la maison. Elles seront reconstruites en matériel semi-dur sans peinture intérieure et avec la moitié des huisseries. Leur tarif d'indemnisation sera de 71 % d'une maison du même type.

Hangars

Les hangars sont des structures sans murs, qui jouxtent la maison ou sont dans la cour. S'ils ont un toit en raphia ou en tôle, ils sont considérés comme étant en matériau provisoire, s'ils ont une toiture en tôle + le sol cimenté, ils sont considérés comme étant en semi-dur. Leur compensation est de 31 % du tarif pour une maison.

Annexes

Les annexes sont en général de la même qualité que la maison principale. Ils seront indemnisés au même tarif par m² que les maisons principales.

Tombes

Les tombes ont été évaluées, d'une part, pour leur présence et le coût des cérémonies nécessaires à 100 000 FCFA ; d'autre part, pour leurs constructions + 50 000 FCFA pour une tombe en ciment et + 75 000 FCFA pour une tombe carrelée.

Bâtiments collectifs

Les églises seront compensées à 100 % du tarif des maisons du même type (moins de murs, mais murs plus hauts). Leur parcelle de construction doit être de 2000 m².

L'école sera reconstruite, selon les recommandations actuelles du ministère de l'Éducation nationale, incluant les latrines. Avec le terrain de jeu, la parcelle doit être de 8 000 m².

Dans chaque village de réinstallation, un forage sera installé. Son coût est d'environ 7 000 000 FCFA.

Tableau 5 : Barèmes des bâtiments perdus

Produit	**Genre de produit**	**Tarif légal**		**Tarif Projet**		**unité**
Maisons et annexes						
Maisons	Maison en matériau provisoire	10 940	F	100 000	F	m²
	Maison en semi-dur	70 310	F	100 000	F	m²
	Maison en dur	112 500	F	200 000	F	m²
Annexes	Maison en matériau provisoire	10 940	F	100 000	F	m²
	Maison en dur	112 500	F	200 000	F	m²
Cuisine	Cuisine en matériau provisoire	7 767	F	71 000	F	m²
	Cuisine en semi-dur	49 920	F	71 000	F	m²
Hangar	Hangar-matériau provisoire	3 391	F	31 000	F	m²
Latrines	Maison en dur	112 500	F	200 000	F	m²
Commerces	Maison en matériau provisoire	10 940	F	100 000	F	m²
Maisons en construction	Maison en construction-matériau provisoire	5 470	F	50 000	F	m²
	semi-dur	35 155	F	50 000	F	m²
	dur	61 225	F	100 000	F	m²
Tombes	Tombe en terre	25 000	F	100 000	F	u
	Tombe en ciment	75 000	F	150 000	F	u
	Tombe carrelage	100 000	F	175 000	F	u

Bâtiments communautaires						
École	Maison en dur	112 500	F	200 000	F	m²
Églises	Maison en matériau provisoire	10 940	F	100 000	F	m²
	Maison en semi-dur	70 310	F	100 000	F	m²
	Maison en dur	112 500	F	200 000	F	m²
Forages	Estimation forage/château d'eau	7 000 000	F	7 000 000	F	u

Source : Rapport définitif du Plan d'action de réinstallation et d'indemnisation du 22 décembre 2010.

Prix de la viabilisation des sites de réinstallation

- Le coût de terrassement est d'environ 10 millions de FCFA/ha.
- Le coût des routes d'accès est de 20 millions de FCFA/km.

Les besoins quantitatifs pour les zones de réinstallation sont les suivants :

Sites sacrés et ressources naturelles

- o Sites sacrés

Le coût correspond aux animaux à sacrifier, au coût du repas et des boissons. Il se monte à environ 500 000 FCFA/site.

- o Ressources naturelles :

Comme on l'a vu au paragraphe 5.2.7.3, la surface perdue serait d'environ 700 ha.

Les études de TROPENBOS, dans les années 1990, ont montré qu'il y avait plus de 450 espèces utiles dans la forêt tropicale atlantique. Les études faites, dans le cadre de l'oléoduc Tchad-Cameroun, évaluaient la valeur de 3000 ha de couloir de pipeline à environ 1,5 million d'euros (environ 984 millions FCFA), soit environ 500 euros (environ 328 mille FCFA)/ha.

Sur les 150 km d'emprise du pipeline dans le département de l'Océan, correspondant à environ 50 ha, l'inventaire de COTCO comptait presque 10 000 plantes et arbres utiles. La valeur de ces arbres et plantes est très difficile à évaluer, mais par tranche de 10 000 FCFA/pied ; la valeur est de 100 millions/FCFA pour 50 ha ; soit 2 millions/ha ou 3000 euros (environ 1 968 000 FCFA).

3. L'évaluation des indemnisations et des compensations

a. Évaluation des indemnisations et des compensations de tous les biens individuels dans tous les sites

Dans le tableau suivant, nous partons bien sûr du barème choisi par le projet.

Au niveau des maisons, il a été adopté comme taille minimale 50 m² avec 2 chambres, 1 salon et une véranda. Le semi-dur est la norme minimum retenue.

Le coût des forêts est très important, environ la moitié du total des indemnisations et compensations. Comme les forêts perdues par les villages hôtes, ces sommes pourraient être utilisées pour monter des projets de développement pour la zone.

b. Indemnisation par village

Dans le tableau suivant, il est indiqué les différentes sortes de biens perdus par villages et hameaux *Bagyelli*. Les sites sacrés et les forêts ne sont pas comptés par village.

Tableau 6 : Compensation par village pour les biens affectés par le projet du port de Kribi

Quantité	Hameaux Bagyelli [FCFA]	Zone Lolabé [FCFA]	Zone Boussibilika [FCFA]	Total En [FCFA]	Total En €
Forages		1 000 000		1 000 000	1527 €
Total forages		**1 000 000**		**1 000 000**	**1527 €**
École		88 380 000		88 380 000	134 931 €
Églises		125 000 000	2 810 000	127 810 000	195 130 €
Total Bâtiments communautaires	**0**	**214 380 000**	**2 810 000**	**216 190 000**	**330 061 €**
Maison	50 000 000	370 990 000	220 360 000	641 350 000	979 160 €
Annexes	2 080 000	134 420 005	52 430 000	188 930 005	288 443 €
Cuisine	3 635 200	54 116 200	40 817 900	98 569 300	150 487 €
Hangar		5 979 900	279 000	6 258 900	9556 €
Latrines			2 340 000	2 340 000	3573 €
Commerces		12 780 000		12 780 000	19 511 €
Maison en construction		67 110 000	23 110 000	90 220 000	137 740 €
Tombes	1 200 000	10 575 000	3 825 000	15 600 000	23 817 €
Total Maisons et annexes	**56 915 200**	**655 971 105**	**343 161 900**	**1 056 048 205**	**1 612 287 €**
Cacao		375 000	200 000	575 000	878 €
Banane douce	66 000	396 800		462 800	707 €
Banane plantain	10 000	1 909 000	349 000	2 268 000	3463 €
Total Produits de rente hors arbres fruitiers	**62 000**	**2 680 800**	**549 000**	**3 291 800**	**5026 €**
Arbre à pain	203 000	29 000	319 000	551 000	841 €
Avocatier	1 612 000	1 829 000	3 937 000	7 378 000	11 264 €
Badamier		29 000		29 000	44 €
Citronnier	480 000	1 536 000	4 800 000	6 816 000	10 406 €
Cocotier traditionnel	75 000	2 994 000	3 249 000	6 318 000	9646 €
Corossolier		155 000		155 000	237 €
Goyavier		136 000	290 000	426 000	650 €
Mandarinier			160 000	160 000	244 €
Manguier	2 170 000	6 696 000	12 431 000	21 297 000	32 515 €
Manguier sauvage		30 000		30 000	46 €
Oranger		352 000	640 000	992 000	1515 €
Palmier à huile traditionnel	501 254	35 943 824	32 427 278	68 872 356	105 149 €
Papayer	38 400	44 200	192 000	274 600	419 €
Safoutier		304 000	3 188 000	3 492 000	5331 €
Total arbres	**5 079 654**	**50 078 024**	**61 633 278**	**116 790 956**	**178 307 €**
Ananas		300		300	0 €
Canne à sucre	450	4 500		4 950	8 €
Concombres		6 250		6 250	10 €
Macabo		75 000		75 000	115 €
Manioc	11 729 100	176 610 000	61 590 000	249 929 100	381 571 €
Total Produits vivriers	11 729 550	176 696 050	61 590 000	250 015 600	381 703 €
Total global	**73 814 404**	**1 098 805 979**	**470 744 178**	**1 643 350 561**	**2 508 932 €**

c. Compensations collectives des villages hôtes

Problématique

Les compensations peuvent porter sur (i) des infrastructures complémentaires rendues nécessaires en raison de ce nouvel afflux de population (ii) des écoles (iii) des centres de santé et (iv) des forages.

Les indemnisations peuvent porter sur des terres titrées retenues pour les populations à réinstaller, elles peuvent porter aussi sur des investissements rendus nécessaires par cet afflux de population et des compensations en remerciement de leur accueil et du partage de leurs biens spécialement fonciers.

Statut foncier des sites de réinstallation

Les populations affectées se trouvent dans différents cas de figure

Village de réinstallation dans la zone présentement sous DUP. – Les deux sites de réinstallation de Boussibilika à Nlendé Dibe, ainsi que le site *Bélabé*, où voudraient s'installer les trois hameaux *Bagyelli* se trouvent dans l'actuelle zone DUP du projet de port en eau profonde de Kribi. Afin de sécuriser le foncier de ces villages, il est indispensable qu'avant même leur construction, ces zones soient officiellement affectées à la construction des villages et la création des champs, et dès installation officielle des réinstallés dans leur nouveau village, les terrains soient remis aux populations affectées, et immatriculés à leurs noms.

Village de réinstallation dans la zone hors DUP. – Le village de réinstallation pour la zone Lolabé se trouve hors DUP du port. Afin de sécuriser cette zone, il faut qu'une nouvelle demande de déclaration d'utilité soit introduite, et les zones ensuite rétrocédées aux populations au moment de leur installation.

Besoins fonciers

Nous ne traitons ici en détail que le cas des villages bantous.

Pour les hameaux des *Bayguélis*, étant donné que leur réinstallation va se faire près des implantations des *Bayguélis* de Biyengue, le problème foncier ne se pose pas ; car, la terre y est étendue et il n'y a pas de terre titrée.

La population préfère que le village soit installé le long de la route Kribi-Campo, côté de la forêt. Les *Mabi* sont dans la zone où ils habitent actuellement repartis en clans. Il est important que la même organisation clanique soit respectée dans le village de réinstallation. Il devra y avoir des hameaux, où les membres de chaque clan sont regroupés : deux grands quartiers pour les *Bia Mangoni* et *Samvouli*, un pour les *Bovaa* (deux ménages) et des sites espacés pour les quatre clans qui n'ont chacun qu'un seul ménage présent.

Habitations et équipements sociaux

Un total de 17 ménages devra être réinstallé à cet endroit, tous optent pour que le projet construise la maison et distribue les terrains. Deux maisons sont vides ou en construction et auront droit à une parcelle de réinstallation. Au total 19 parcelles sont nécessaires + 1 parcelle pour l'église.

La zone de réinstallation s'étend sur environ 600 mètres le long de la route. Chaque maison aura une surface de 1500 m² ; soit 3 ha en tout. Les hameaux à déplacer n'ont pas de chef administratif pour lequel une maison spéciale serait nécessaire, mais il faut prévoir un hangar pour les réunions. Ce hangar pourrait également être utilisé comme point focal pour le commerce local. Pour prévoir l'accroissement naturel du village, une même quantité de terrain est nécessaire.

Eau et Électricité. – Un forage d'eau sera installé pour les 17 ménages dans le village de réinstallation. L'électrification des villages (même ceux qui vont prochainement être recasés) est en cours, et toutes les maisons seront branchées sur le réseau.

Terrain de sport. – un terrain de sport doit être prévu.

École. – L'école se trouve actuellement au centre de Nlende Dibé, à une distance de 2 km du site de réinstallation. Cette distance est à la limite de ce que les jeunes enfants peuvent marcher. Vu l'état très délabré de l'école, elle nécessitera probablement d'être reconstruite à neuf.

Centre de santé. – Un nouveau centre de santé vient d'être créé à Nlendé Dibé. Il pourra servir le village de réinstallation.

Terrains agricoles. – Les terrains agricoles, actuellement occupés par la population de *Boussibilika*, concernent 21ha, selon les observations sur le terrain et selon les indications de la population dans les enquêtes par ménage de 2,3 ha en culture et de 5,2 ha en réserve. En prévoyant de la réserve pour un accroissement démographique future, 10 ha par ménage seront nécessaires. Pour les 17 ménages à réinstaller et les 2 ménages actuellement absents, qui auront une parcelle, les besoins totaux en terre sont évalués à 190 ha.

Zone de Lolabé

Lors des différentes discussions, un consensus se dessine sur l'agencement du village. Contrairement à Boussibilika, le village ne voudra pas s'installer sur la route, mais à l'intérieur, côté mer. Comme pour Boussibilika, de petits quartiers seront créés pour chacune des familles ou chacun des clans.

Un total de 31 ménages devra être réinstallé à cet endroit, et tous optent pour que le projet construise la maison et que le projet distribue les terrains. 8 maisons sont vides ou en construction et auront droit à une parcelle de réinstallation. Les deux commerces bénéficieront d'un emplacement supplémentaire de 500 m² chacune. Au total, 39 parcelles seront nécessaires + deux parcelles pour les deux églises, une parcelle d'environ 1 ha pour l'école avec son terrain de sport et la case de santé.

C. La spécificité des indemnisations effectuées à Lom Pangar

Dans cette section, il est question de présenter les principes ayant sous-tendu les indemnisations des populations expropriées à Lom Pangar (1), de dévoiler les formes de compensation et la stratégie de paiement ayant prévalu dans le cadre de celles-ci (2).

1. Les principes sous-tendant les indemnisations des populations expropriées de Lom Pangar

Ils peuvent se subdiviser en deux sous-paragraphes, à savoir : les principes généraux d'indemnisation et ceux relatifs aux critères d'éligibilité des biens et des personnes à indemniser.

a. Les principes généraux des indemnisations de Lom Pangar

Plusieurs principes ont sous-tendu les indemnisations des populations riveraines du projet de construction du barrage de Lom Pangar. En effet, les indemnisations se sont effectuées en application de la législation camerounaise et de la *politique opérationnelle OP 4.12* de la B.M. En cas de différence entre ces deux réglementations, le choix était porté sur l'application des dispositions de la politique la mieux favorable pour les personnes affectées par le projet (PAPs). Dans le cas où un texte était muet sur un élément, c'est l'autre texte qui s'appliquait automatiquement.

S'agissant de la nature des indemnisations, il faut relever que les populations expropriées dans le cadre de ce projet structurant ont bénéficié des indemnisations en nature et en espèces. Toutefois, la priorité était accordée aux compensations en nature, en ce qui concernait la perte des terrains non titrés, la perte des logements privés, la perte des structures sociales publiques (centres de santé, points d'eau potable, écoles...) et la perte des ressources de la communauté. Cependant, il était possible pour les PAPs de choisir entre les différentes options, qui leur étaient proposées. C'est dans cette logique que les populations du village Lom Pangar, par exemple, ont bénéficié d'un nouveau village de recasement construit par *Electricity Development Corporation*, en abrégé EDC (maître d'œuvre du projet), tandis que ceux des villages et campements, qui n'ont pas voulu que leurs logements soient construits par EDC, ont reçu des indemnisations pécuniaires et l'expertise d'un entrepreneur recruté par EDC. Les pertes de cultures, des hangars, des tombes et des sites sacrés ont fait l'objet d'une indemnisation en espèces. En cas d'indemnisation pécuniaire, le calcul des indemnités s'est toujours effectué sur la base de la valeur marchande des biens sur le marché local.

b. Les principes relatifs à l'éligibilité des biens et des personnes à indemniser dans le cadre de la construction du barrage de Lom Pangar

Dans le cadre du projet de Lom Pangar, les critères d'éligibilité des biens et des personnes à indemniser ainsi que des terres à compenser ont été définis par la législation camerounaise et la *politique opérationnelle OP 4.12 de la*

B.M sur la réinstallation involontaire. Étaient éligibles à recevoir des indemnisations :

- les PAPs, reconnues comme détentrices d'un droit formel sur les terres ;
- les personnes n'ayant pas de droit formel sur les terres au moment du recensement, mais qui avaient des titres fonciers ou d'autres documents de propriété légalement reconnus par la loi camerounaise, ou qui l'étaient dans le processus d'identification des différents *plans d'indemnisation et de réinstallation* (PIR).

Étant donné que dans la zone du projet, aucun habitant n'avait de *titre foncier*, de *permis de concession* ou d'autres documents officiels, les personnes reconnues par les autorités traditionnelles, comme détentrices d'un *droit coutumier de tenure et d'usage sur les terres*, étaient également éligibles à recevoir une indemnisation. Dans ce cas de figure, l'indemnisation s'est effectuée en nature, c'est-à-dire en procédant au remplacement des terres perdues par d'autres terres du domaine national dans les nouveaux sites de recasement. Cependant, toutes les personnes n'ayant ni droit formel, ni titres susceptibles d'être reconnus sur les terres qu'elles occupaient, n'étaient pas éligibles à recevoir des compensations. Néanmoins, ces personnes recevaient une *aide à la réinstallation*, et/ou bénéficiaient des différentes actions spécifiques prévues par le projet (formations sur les techniques d'agriculture, d'extraction minière et d'élevage), à condition qu'elles aient occupé ces terres avant les dates limites fixées par les différents PIR, qui correspondaient aux différentes dates de démarrage des opérations de recensement, destinées à déterminer les ménages et les biens éligibles aux indemnisations, conformément à la matrice d'éligibilité sus-évoquée (tableau 1).

2. Les formes de compensation et la stratégie de paiement des indemnisations dans le cadre de la construction du barrage de Lom Pangar

Dans ce paragraphe, il est question de présenter les formes de compensations allouées aux populations riveraines du barrage de Lom Pangar et de dévoiler la stratégie de paiement de ces indemnisations.

a. Les formes de compensations allouées aux populations riveraines du barrage de Lom Pangar

Les indemnisations des populations riveraines du barrage de Lom Pangar ont donné lieu à deux formes de compensations : les compensations individuelles et celles collectives.

Destinées exclusivement aux populations expropriées, les compensations individuelles couvrent :

(i) les *logements privés* ;

(ii) les *terres cultivables,* qui ont fait l'objet d'une mise en valeur (terres défrichées ou labourées) ;

(iii) les *cultures annuelles*, qui sont indemnisées au prix du marché de la récolte perdue, en plus du paiement d'une année de récolte pour compenser les difficultés de production de la première année.

Le tableau 7 ci-dessous présente le barème de compensation des cultures annuelles retenu par EDC.

Tableau 7 : Barème de compensation des cultures annuelles au projet de Lom Pangar

	Rendement tonnes/ha	Prix du marché	Compensation proposée (FCFA/m²)
Maïs	3	150	45
Arachide	1	500	50
Manioc	30	60	180
Macabo / Taro	10	120	120
Igname	20	110	220

Source : Rapport sur le processus des indemnisations et des réinstallations de la composante barrage du projet hydroélectrique de Lom Pangar (2013 : 169).

(iv) les *cultures pérennes,* dont le calcul du montant de l'indemnité consiste à l'addition de la valeur moyenne de commercialisation du produit d'un arbre + la durée moyenne de rétablissement de l'arbre à un niveau de production adulte (en années) + le coût de la plantation (plants, travail du sol, fertilisation initiale) + le coût du travail nécessaire à la plantation et à l'entretien pendant la durée de rétablissement de la plantation.

Le tableau 8 ci-dessous détaille les barèmes de compensations retenus pour chaque type de cultures pérennes.

Tableau 8 : Barème de compensation des cultures pérennes au projet de Lom Pangar

	Barème EDC (arbre jeune non productif) en FCFA	Barème officiel (arbre jeune non productif) en FCFA	Barème EDC (arbre productif) en FCFA	Barème officiel (arbre productif) en FCFA	Barème arbre vieux
café et cacao	5 000	5 000	25 000	25 000	2 000
manguier non greffé	14 500	5 000	68 500	35 000	
manguier greffé	18 000	5 000	70 500	35 000	
palmier à huile sélectionné	10 000	10 000	35 400	35 000	
palmier à huile sauvage	4 900	2 500	20 100	10 000	4 900
oranger	9 500	5 000	47 000	35 000	
citronnier	9 500	5 000	47 000	35 000	
banane douce	800	800	2 400	1 200	
banane plantain	1 000	1 000	2 900	1 500	
avocat	20 800	20 000	85 300	50 000	20 800
ananas	300	150	300	200	
papayer	1000	1 000	3 000	3 000	

Source : Rapport sur le processus des indemnisations et des réinstallations de la composante barrage du projet hydroélectrique de Lom Pangar (2013 : 6).

Les compensations collectives, quant à elles, concernent aussi bien les communautés expropriées que les villages hôtes. Pour ce qui est des communautés expropriées, elles consistent au remplacement des bâtiments publics détruits du fait du projet, au remplacement des puits et points d'eau perdus, à l'indemnisation des lieux et sites sacrés par l'acquisition des sommes d'argent qui permettent de recouvrir les dépenses de la cérémonie, qui accompagnent la perte de ces lieux et à l'initiation des actions d'appui au développement pour compenser la perte des ressources forestières. La compensation des zones d'accueil s'exprime en termes de construction de structures sociales publiques (forages, salles de classe avec latrines et logements des enseignants, hangars de marché, aménagement des sources, maisons communes, cases de santé) et d'autres actions pour les populations réinstallées (à l'exemple de l'encadrement d'action de santé et de la dotation des médicaments dans les centres de santé, de la mise en place de petits projets générateurs de revenus...).

b. La stratégie de paiement des indemnisations allouées aux populations expropriées de Lom Pangar

De prime abord, il faut relever que le paiement des indemnisations aux populations expropriées du projet de Lom Pangar ne s'est pas effectué sans un contrôle préalable des biens et des personnes à indemniser. Dans ce sous-paragraphe, il est question de présenter les stratégies de vérification mises en œuvre avant le paiement des indemnisations, ainsi que la stratégie de paiement des indemnisations proprement dite.

i. Les opérations de contrôle et de vérification des biens et des personnes à indemniser

En raison de nombreuses incertitudes qui pesaient sur les résultats des enquêtes réalisées par la CCE, notamment dans l'arrondissement de Bétaré-Oya, EDC a mis en place un mécanisme systématique de contrôle avant le paiement des indemnisations. Ce mécanisme de contrôle avait pour but de garantir la transparence des méthodes de paiement des indemnisations des populations expropriées. C'est dans cette optique qu'une *équipe technique ad hoc a* été constituée[46]. L'*opération de contrôle et de vérification* a débuté le 2 mars 2012 au village Lom Pangar. Elle s'est poursuivie à Motel, Ouami, Haman, Lom II, puis dans les campements des arrondissements de Bétaré-Oya et de Ngoura. Qu'il s'agisse des cultures ou des constructions, le seuil d'indemnisation à vérifier était fixé à un million de FCFA.

S'agissant de *la vérification des cultures*, il importe de relever que seuls les espaces cultivés de cultures pérennes (cultures de rente, arbres cultivés) ont fait l'objet d'une vérification, compte tenu du temps écoulé entre l'enquête de terrain et le paiement des indemnisations. L'*opération de contrôle des indemnisations de cultures* s'est structurée autour de trois étapes, à savoir :

- l'identification de la personne victime de destruction de biens (pour vérifier la cohérence entre l'identité du bénéficiaire et celle mentionnée sur la fiche individuelle) ;

[46] D'après le rapport de février 2012 (2012 : 3), l'*équipe technique ad hoc de vérification* était composée des membres de l'unité opérationnelle de la *commission de supervision des opérations de paiement des indemnités,* prévue par l'arrêté n° 00237 du 10 février 2012 du MINDCAF et des représentants d'ONGs (ASSEJA, LEFE, ROLOM, ADD, GTS). Elle comprenait, à cet égard : *un coordonnateur* (le directeur de la construction et de l'aménagement hydroélectrique), *des rapporteurs* (le délégué régional du MINDCAF, le sous-directeur environnement et communication, le directeur de la comptabilité et des finances), *des membres* (le chef de service des indemnisations du MINDCAF, les sous-préfets des arrondissements de Bélabo et de Bétaré-Oya, deux représentants des sous-commissions techniques d'expertises instituées au sein de la CCE par *l'arrêté de déclaration d'utilité publique n° 00414 du 13 mars 2009*, des chefs des villages et campements concernés) et *des observateurs* (ONGs). Cependant, pour éviter tout conflit d'intérêts, les personnes ayant participé aux différents travaux de la CCE dans une zone géographique n'ont plus fait partie de *l'équipe de contrôle et de vérification.*

- la localisation effective de la plantation concernée ;
- la vérification de la superficie mise en valeur et l'inventaire des cultures pérennes.

À la fin de chaque opération, quand les données récoltées sur le terrain (superficie, nombre de cultures, âge des arbres, etc.) confirmaient les informations de la fiche individuelle, une autorisation écrite de payer était délivrée par le chef de la *commission de contrôle* à l'équipe chargée du paiement. Dans le cas où les données étaient inexistantes ou inférieures aux informations contenues dans la fiche individuelle, un *procès-verbal* constatant et expliquant les écarts était établi séance tenante, et co-signé par la personne victime de destruction des biens et l'*équipe de vérification.* Une réévaluation du montant de l'indemnité était ensuite faite, sur la base de nouvelles quantités et des prix unitaires du PIR, puis consignée dans le *procès-verbal* avant autorisation de paiement.

Pour ce qui est de *la vérification des indemnités de constructions*, l'*équipe de contrôle* avait pour mission de vérifier que les bénéficiaires des indemnités sont effectivement les détenteurs des constructions recensées. La confirmation de l'indemnité était accompagnée d'une lettre, dans laquelle le bénéficiaire s'engageait à collaborer avec l'ONG et EDC pour la reconstruction d'un nouveau logement dans le site d'accueil.

Par ailleurs, le *contrôle des éleveurs, pêcheurs et orpailleurs*, destinés à recevoir des indemnités forfaitaires pour la perte de leurs activités, s'est effectué avec l'aide des chefs de villages et de campements, qui avaient pour rôle d'attester l'identité des bénéficiaires et d'assurer qu'ils exerçaient dans l'un de ces secteurs d'activités au moment du recensement. S'agissant du secteur orpaillage, par exemple, une indemnité forfaitaire de 400 000 FCFA était attribuée au chef de troues[47] et de 300 000 FCFA pour chaque ouvrier. En outre, le *contrôle des bénéficiaires des indemnisations des tombes* consistait à la vérification de l'existence effective des tombes. Des indemnités forfaitaires de 80 000 FCFA et de 120 000 FCFA ont été allouées, respectivement aux bénéficiaires des tombes non aménagées et aménagées.

ii. La stratégie de paiement des indemnisations des populations expropriées de Lom Pangar

Débuté en date du 24 février 2012, le processus de paiement des indemnisations pécuniaires aux personnes victimes de destruction des biens, dans le cadre des travaux de construction du barrage de Lom Pangar, a été encadré par un réseau d'ONGs (ASSEJA, LEFE, ROLOM, ADD et GTS) et des partenaires financiers (*Afriland First Banque*, MC²). À cet effet, les ONGs recrutées avaient pour rôle de :

- s'assurer de la cohérence des indemnisations effectuées,
- réaliser l'inventaire et l'évaluation préalable des indemnités,
- s'assurer de l'effectivité et de l'exhaustivité des paiements,
- prendre des photos du déroulement du paiement,
- organiser les réunions de sensibilisation à l'intention des personnes affectées sur la meilleure gestion de leurs indemnisations,
- assurer le suivi des personnes vulnérables.

Les partenaires financiers, quant à eux, avaient pour mission de sécuriser les fonds d'indemnisation. À ce sujet, des comptes d'épargne ont été ouverts à tous les

---

[47] Le *troue* désigne ici la fausse d'extraction minière.

bénéficiaires d'une indemnité. Seuls les chèques et carnets d'épargne étaient remis aux bénéficiaires en guise de frais d'indemnisation.

Pour garantir l'effectivité du remplacement des habitations détruites dans le cadre de ce projet, *une équipe pluridisciplinaire*[48] a été mise sur pied. Elle avait pour missions de :

- s'assurer de l'existence effective de terrains dédiés à la construction de nouvelles habitations,
- contrôler l'état d'avancement des chantiers de construction,
- signer les procès-verbaux, en vue de permettre le décaissement des tranches de l'indemnité de reconstruction,
- suivre le processus de décaissement de l'indemnité de reconstruction,
- dresser l'état global des reconstructions et des recasements.

Ainsi donc, la stratégie d'indemnisation adoptée dans le cadre du projet de construction du barrage de Lom Pangar semble mieux structurée pour réduire les risques de pertes observés dans la mise en place des projets structurants. Cependant, qu'en est-il de celle adoptée dans le cadre de la construction du mini-barrage de Mekin ?

D. La spécificité des indemnisations des populations expropriées du projet de construction du barrage de Mekin

En l'absence de documents officiels (rapports d'activités, plan d'indemnisation et de réinstallation (PIR),

[48] Cette équipe était composée de : un représentant de EDC ; un représentant du MINDCAF ; un représentant du MINDUH et un représentant de l'ONG témoin.

plan de gestion environnementale et sociale (PGES)) mis à notre disposition[49], il est difficile de présenter, avec certitude, la stratégie d'indemnisation des populations expropriées de Mekin. Néanmoins, les informations, recueillies lors des entretiens avec les populations expropriées et l'ex-coordonnateur du projet de Mekin, ont permis de structurer cette section autour de deux idées centrales, à savoir : la stratégie d'évaluation des biens et personnes à indemniser et la stratégie de paiement des indemnités allouées aux populations victimes de destruction des biens dans le cadre de ce projet.

1. La stratégie d'évaluation des biens frappés d'expropriation et les critères d'éligibilité des personnes et des biens à indemniser dans le cadre du projet de Mekin

Dans ce paragraphe, il est question de présenter : la stratégie d'évaluation des biens et les critères d'éligibilité des biens et personnes à indemniser dans le cadre de ce projet.

a. Les critères d'éligibilité des biens et des personnes destinées à recevoir une indemnisation dans le cadre du projet de Mekin

D'après Clément ESSOUMA AKONO[50], la procédure d'indemnisation, effectuée dans le cadre du projet de construction du mini-barrage hydroélectrique de Mekin,

---

[49] Après plusieurs tours effectués au siège social d'*HYDRO-MEKIN* et deux demandes rédigées pour l'obtention des documents du projet sur les indemnisations et la réalisation d'un entretien avec le responsable chargé des indemnisations dans le cadre du projet de Mekin, nous avons été reçue dix mois après (juillet 2016-mai 2017) et aucun document n'a été mis à notre disposition.

[50] Ex-coordonnateur du projet de construction du mini-barrage hydroélectrique de Mekin, actuellement chef de la cellule des études, de la prospective et de la coopération à *HYDRO-MEKIN*.

s'est basée exclusivement sur la législation camerounaise en matière d'expropriation. Cependant, il est observé certains égarements pendant la mise en application des textes en vigueur. En effet, les indemnisations effectuées dans ce projet n'ont pas tenu compte de la compensation des *autres mises en valeur*. C'est ce que dévoilent les propos suivants de C. ESSOUMA AKONO : « *les indemnisations effectuées dans le cadre du projet d'aménagement hydroélectrique de Mekin ont consisté à la compensation liée aux cultures, aux habitations et aux terrains* »[51]. Ce que prouvent d'ailleurs les différents décrets d'indemnisations allouées aux victimes de destruction de biens dans le cadre de ce projet. S'il est établi que les propriétaires des cultures, des habitations et des terrains ont fait l'objet d'une indemnisation dans le cadre de ce projet, il faut, néanmoins, reconnaître que certaines cultures citées dans le décret du 25 février 2003 n'ont pas fait l'objet d'une indemnisation. En effet, les *cultures pérennes (moabi, manguier sauvage et plantes médicinales)* n'ont pas été évaluées. Contrairement au projet de Lom Pangar, qui a assuré la compensation en nature des terrains reconnus par le droit coutumier d'usufruit, le projet de Mekin a indemnisé exclusivement les propriétaires de terrain détenteur d'un titre de propriété définitif ou en cours d'immatriculation. Les critères d'éligibilité ainsi présentés, il revient de passer en revue la stratégie d'évaluation des biens des personnes expropriées dans le cadre dudit projet.

b. La stratégie d'évaluation des biens frappés d'expropriation dans le cadre du projet de Mekin

Dans le cadre du projet de Mekin, la *stratégie d'évaluation des biens* manque de transparence. Par défaut d'obtention des documents du projet sur la question des

---

[51] Entretien du 17/05/2017.

indemnisations, et du fait de la langue de bois employée par le responsable du projet interviewé, il est impossible de présenter les bases de calcul, qui ont été effectivement appliquées lors des indemnisations des populations riveraines de Mekin. D'après les différentes informations recueillies auprès des populations riveraines interviewées, l'évaluation des biens effectuée par les membres de la CCE sur le terrain a laissé libre cours aux injustices sociales, à la surévaluation et à la sous-évaluation des biens frappés d'expropriation. Au point où un interviewé, qui a voulu garder l'anonymat, affirme : « *les indemnisations effectuées dans le cadre de ce projet n'ont respecté aucune norme nationale, encore moins internationale* »[52]. S'il demeure difficile d'élaborer une stratégie objective d'évaluation des biens des personnes expropriées dans le cadre de la construction du barrage de Mekin, qu'en est-il de la stratégie de paiement des indemnisations ?

2. La stratégie de paiement des indemnisations aux populations expropriées du projet de Mekin

Dans ce paragraphe, il est question de présenter les préalables du paiement des indemnisations, ainsi que la stratégie de paiement des indemnisations proprement dites.

a. Les préalables du paiement des indemnisations aux populations expropriées de Mekin

Contrairement aux responsables du projet de Lom Pangar, qui ont procédé à la vérification des biens et des personnes à indemniser avant le paiement effectif des indemnisations, les responsables du projet de Mekin n'ont fait aucun effort pour garantir la transparence dans le paiement des indemnités aux populations riveraines de ce

[52] Entretien du 21/08/2016.

projet. En effet, les décrets d'indemnisation, fixant les montants alloués à chaque bénéficiaire, n'ont pas été mis à la disposition des personnes concernées. C'est d'ailleurs ce que révèle NDONGO ZE, riverain exproprié du village Ekok : « *Hilaire, que tu as vu là, était menacé. Il a failli faire la prison, parce qu'il avait informé les gens de son village des montants qu'ils devaient toucher* »[53]. Ces révélations troublantes permettent de comprendre que *le principe de publication des listes des bénéficiaires des indemnisations avant tout paiement effectif des indemnités* n'a pas été respecté dans le cadre de ce projet. Ce qui a d'ailleurs continué dans la procédure de paiement de ces indemnités.

b. La stratégie de paiement des indemnisations aux populations expropriées de Mekin

De manière générale, les indemnisations effectuées dans le cadre du projet de Mekin ont uniquement donné lieu aux compensations individuelles et pécuniaires. Car, jusqu'en juin 2020, *la construction du « village pilote Hydro-Mekin »* et *la réalisation des structures sociales publiques* de ce village demeurent un mythe, huit (08) ans après les indemnisations. S'agissant précisément de la stratégie de paiement des indemnisations des populations expropriées de Mekin, il est à noter qu'elle s'est effectuée en marge des procédures normales de paiement des indemnisations. Tout d'abord, aucune liste n'a été mise à la disposition des bénéficiaires pour besoin de consultation. Pourtant, celles-ci doivent être publiées et affichées avant tout paiement. De plus, le paiement des indemnisations sur le tronçon Mekin-Mekomo s'est effectué à des heures tardives, comme l'affirme Marie Thérèse ASSANGONO, cultivatrice indemnisée du village Mekin : « *chez nous ici, on a fait le travail dans la nuit.*

[53] Entretien du 19/08/2016.

Quel est le bureau qui ouvre après 15 heures ? Ça devient le faux »[54]. Le « *faux* », auquel fait allusion cette dame, ne s'est pas uniquement limité aux horaires tardifs de paiement. Il s'est également fait ressentir dans la manière de payer les bénéficiaires. Marie NGO ONN, cultivatrice indemnisée du village Ekok, révèle à ce sujet que *« les indemnisations sont une mauvaise chose, parce qu'elles se déroulaient dans le flou. On nous a payés dans la nuit. On cachait les montants inscrits sur la fiche avec le badge et on nous demandait de signer sans voir le montant »*[55]. Ceux qui se sont opposés à ce mode de paiement ont été intimidés et trimbalés dans les services départementaux du MINDCAF et du MINATD de Sangmélima, où ils ont finalement perçu leurs frais d'indemnisations. C'est ce que révèle Sa Majesté Samson NKANEMBANG, chef du village Nyabizou :

> Quand j'ai vu comment on payait les gens, j'ai demandé aux gens de mon village de ne pas prendre cet argent. Ça a créé les problèmes entre nous et les responsables qui étaient là. Ils ont dit qu'on va aller chercher notre argent à Sangmélima. Arrivés à Sangmélima, ce n'était pas toujours facile. On a été trimballé sous le soleil pendant toute la journée. Le préfet nous a même menacés. C'est aux environs de 16 heures qu'on a commencé à nous payer.[56]

À l'analyse de ces propos, il est clair que les droits des personnes expropriées n'ont pas été respectés pendant la procédure d'indemnisation des populations expropriées de Mekin. Les menaces et intimidations des populations expropriées traduisent l'abus d'autorité des responsables chargés des indemnisations dans le cadre de ce projet. Cependant, il reste à savoir pourquoi la vulgarisation des

[54] Entretien du 20/08/2016.
[55] Entretien du 18/08/2016.
[56] Entretien du 25/08/2016.

décrets portant indemnisation, et plus précisément les sommes d'argent à percevoir demeuraient-elles un secret de polichinelle pour certains bénéficiaires ? L'intention des responsables chargés du paiement de ces indemnisations ne serait-elle pas de brouiller les pistes de l'usage de faux décrié dans le cadre de ce projet ? En principe, dans une procédure de paiement supposée « normale », la décharge d'une somme d'argent ne peut se faire sans consultation et confirmation préalable de la somme à percevoir par le bénéficiaire.

Au terme de ce chapitre, qui porte sur les stratégies d'indemnisations des populations expropriées appliquées à Kribi, Lom Pangar et Mekin, il est évident que, malgré les principes de droit établis sur la question des indemnisations au Cameroun, certains responsables des projets structurants (notamment ceux du projet de Mekin) n'ont pas respecté la réglementation en vigueur sur la question des indemnisations des populations expropriées pour cause d'utilité publique. Ce qui met en mal aujourd'hui les populations expropriées. Toutefois, les responsables chargés de la construction du barrage de Lom Pangar s'en sont bien sortis en améliorant la stratégie gouvernementale d'indemnisation mise en place. En clair, dans un pays où les citoyens sont censés être égaux en droits et en devoirs, il est observé *deux systèmes d'indemnisations*, qui favorisent certains citoyens et désavantagent d'autres. Pourtant, ceux-ci perdent tous le même type de biens et services faisant l'objet d'une indemnisation.

Pour tout dire, le Cameroun post-indépendant s'est doté des dispositions aussi bien variées que nombreuses sur le *droit à l'indemnisation*. Ainsi en est-il de la *Constitution*, la norme la plus importante de l'État, à laquelle viennent se greffer et se conformer les conventions internationales ratifiées, les lois et règlements nationaux. Le droit positif camerounais étant dynamique, il faut relever que ce dispositif réglementaire national sur les indemnisations a connu une évolution considérable, au point qu'on est passé, par exemple, des ordonnances de 1974 aux lois de 1985. Toutefois, cette évolution notable n'a pas élagué tous les conflits liés aux indemnisations ni les problèmes de survie quotidienne, auxquels font face les citoyens expropriés des projets structurants sus-évoqués quelques années après les processus d'indemnisations. Ce qui impose, aux sociologues, de réaliser une *évaluation rétrospective ou ex-post*[57]. D'où l'importance de cette deuxième partie de l'étude, qui se focalise sur la sociologie critique des indemnisations de Kribi, Lom Pangar et Mekin.

[57] L'*évaluation rétrospective ou ex-post* est réalisée directement ou longtemps après la mise en œuvre pour mesurer la contribution réelle du projet dans l'amélioration du *bien être* des bénéficiaires à la fin de l'exécution du projet et pour faciliter l'exécution des projets de développement futurs.

Deuxième partie

SOCIOLOGIE CRITIQUE DES INDEMNISATIONS DE KRIBI, LOM PANGAR ET MEKIN

Pour étudier la réalité sociale en profondeur, le sociologue français G. GURVITCH (1968) exige au sociologue critique de séparer les deux paliers antinomiques de la réalité sociale que sont : *l'aspect officiel* et *l'aspect officieux*. *L'aspect officiel ou apparent*, qui est le domaine de la croyance idéologique, voile très souvent la vérité sociologique. En revanche, *l'aspect officieux ou profond*, qui est plus intéressant pour le sociologue critique, permet de découvrir la vérité sociologique que les idéologies dominantes cachent au public. Au point où le sociologue suisse J. ZIEGLER (1980 : 22) observe que *« ce qui est le plus caché est le plus véridique »*. De ce fait, *la tâche du sociologue critique* consiste à *chercher la vérité sociologique loin de l'explication officielle*. C'est pourquoi notre objectif, dans cette partie, est d'aller au-delà du discours officiel pour dévoiler la vérité sociologique qui se cache derrière les indemnisations liées aux projets structurants analysés ici, autant dire d'analyser les différents processus d'indemnisation sus-évoqués en essayant de démasquer leur signification cachée. D'autant plus que G. BALANDIER (1971 : 7) observe que *« les sociétés ne sont jamais ce qu'elles paraissent être ou ce qu'elles prétendent être. Elles s'expriment à deux niveaux au moins ; l'un superficiel présente les structures « officielles », [...] l'autre profond, assure l'accès aux rapports réels les plus fondamentaux et aux pratiques révélatrices de la dynamique du système social »*. À la suite de la première partie de cette étude, qui a mis un accent sur la politique camerounaise des indemnisations, cette deuxième partie de l'étude est consacrée au dévoilement des conflits (chapitre 3) et des incidences (chapitre 4) liés aux indemnisations des populations expropriées de Kribi, Lom Pangar et Mekin.

CHAPITRE 3

LES CONFLITS LIÉS AUX INDEMNISATIONS DE MBORO ET LOLABÉ (KRIBI)

Pierre NKOU ABINA

Dans le cadre de la procédure d'indemnisation liée au projet de construction du complexe industrialo-portuaire de Kribi (CIPK), les types et les causes des conflits sont aussi bien nombreux que variés, malgré le dispositif légal prévu à cet effet. Il apparaît donc important d'examiner d'abord la typologie des conflits liés aux indemnisations (section A), et de dévoiler ensuite les facteurs profonds de ces conflits (section B).

A. Typologie des conflits liés aux indemnisations de Mboro et Lolabé

La procédure d'indemnisation obéit au respect des principes contenus dans plusieurs textes évoqués au chapitre 1er. On pourrait penser que ces textes sont la meilleure garantie des indemnisations pour cause d'utilité publique. Malheureusement, les indemnisations des populations de Mboro et Lolabé ont été l'occasion, pour celles-ci, de remettre en question certaines dispositions légales qui encadrent cette procédure. Au vu des résultats de l'enquête de terrain, les enquêtés ont ressorti quatre principaux types de conflits émanant des indemnisations de Mboro et Lolabé, à savoir : les conflits liés à la législation sur les indemnisations (1) ; le conflit entre les populations et les autorités administratives (2) ; les conflits au sein des familles (4) ; le conflit entre les populations riveraines et l'État sur la superficie de la zone d'utilité publique (3).

1. Les conflits liés à la législation sur les indemnisations

Il s'agit ici de deux principaux conflits, à savoir : le conflit lié à l'anachronisme de la mercuriale des indemnisations et celui relatif à la non prise en considération des arbres fruitiers sauvages utiles.

a. Le conflit relatif à l'anachronisme de la mercuriale des indemnisations

La législation sur les indemnisations est réfutée par tous les acteurs sociaux interrogés (populations riveraines et acteurs institutionnels), parce qu'elle est en déphasage avec le coût réel de vie actuel dans la ville de Kribi.

La ville de Kribi est une ville touristique, dotée de 45 km de plage sablonneuse de l'Océan atlantique. Avec la construction du port en eaux profondes, elle devient aussi une ville d'affaires. Aussi subit-elle une évolution dans ses habitudes, surtout dans le secteur foncier. La législation sur les indemnisations ne répond plus à la réalité sociale actuelle. Cette thèse est appuyée par Sa Majesté Roger MEKOUNDE, chef de 3e degré d'Afan Mabé, par ces propos : « *La loi sur les indemnisations doit être reformulée ; car, les indemnisations sont inférieures au coût de la vie* »[58]. Le terrain coûte beaucoup plus cher sur le marché que le prix taxé dans le décret du 22 mars 1994[59]. Bruce MAHAILET, directeur d'une société de vente de terrain de la place, ajoute ainsi : « *Il est*

---

[58] Interview du 22/09/2016.

[59] Décret du 22 mars 1994 portant *prix minima de vente des terrains domaniaux.*

impossible de trouver un terrain de nos jours en bordure de mer ou près de la mer à moins de 20 000 FCFA le m². *Si vous le trouvez, fuyez ! C'est une arnaque* ».[60] Le coût de la vie a drastiquement changé à Kribi. Lorsqu'on indemnise une personne à 2 000 FCFA le m², alors qu'il lui faut dix fois plus la même somme s'il désire s'installer ailleurs, c'est une frustration. En effet, le décret du 22 mars 1994 taxe le terrain à 750 FCFA le m², alors que la *commission* utilisait 1500 FCFA et 2 000 FCFA pour les indemnisations (prix très inférieur au prix actuel du m² de terrain). Avec l'arrivée du port de Kribi, le prix du m² de terrain oscille entre 20 000 et 50 000 FCFA.

b. Le conflit lié à la non-prise en considération des arbres fruitiers sauvages

Ce type de conflit est aussi mentionné par les deux types d'acteurs interviewés, comme étant un facteur qui irrite les populations riveraines. Benjamin MOUKOKO EKITIKE, habitant de Lolabé, s'offusque à ce sujet :

> Nous contestons le fait que les arbres fruitiers sauvages, tels que le mango[61], que nous héritons des grands-parents, et qui nous aident pour la nutrition et la commercialisation ne soient pas pris en considération lors des indemnisations. Les raphias sont utiles comme les palmiers.

Les arbres fruitiers sauvages[62] sont une source de revenus pour les populations riveraines. Ces arbres sont généralement utilisés à des fins commerciales, médicales et nutritives par des familles pour leur bonheur au quotidien. Comme l'exige le décret du 25 février 2003, leur destruction doit être indemnisée au profit de la

---

[60] Interview du 17/08/2016.

[61] Arbre sauvage se trouvant dans les forêts de l'Est et du Sud-Cameroun, appelé ici *manguier sauvage*.

[62] Arbres ayant poussé naturellement dans la forêt, utiles pour la nutrition de l'homme.

personne, qui est usufruitière de la parcelle de terrain où se trouve ledit arbre.

2. Le conflit entre les populations et les autorités administratives

Ce conflit est souligné par les deux types d'acteurs enquêtés (acteurs institutionnels et populations riveraines). En effet, une crise ouverte existe actuellement entre les populations riveraines et les autorités administratives impliquées dans le processus des indemnisations. Bien que les fonctionnaires de l'État, qui ont géré ce problème d'indemnisations, soient pour la majeure partie en prison (présumés coupables de corruption), il n'en demeure pas moins vrai que le conflit continue d'exister entre ces fonctionnaires et les populations riveraines jusqu'à ce jour. Sa Majesté Basile BESSEBO, chef de village par intérim de Dipegnidjé[63], s'exprime ainsi : « *Le préfet a fait mettre les gens de ce village en prison, juste parce qu'ils ont protesté et fait la grève. C'est un abus d'autorité, je le pense. Aucune confiance n'a plus jamais existé entre le préfet et les populations* ». En effet, les réclamations des villageois ont poussé ces derniers à faire des grèves, barrant ainsi la route qui mène au port, pour pouvoir se faire entendre par les plus hautes autorités étatiques : « *C'est le seul moyen pour nous de nous faire entendre par le chef de l'État ; car, le préfet et tous les autres fonctionnaires sont corrompus* », ajoute Raoul Davy MBOME, autochtone de Lolabé. « *J'ai dormi 4 jours en cellule sur ordre du préfet ; car, j'ai protesté violemment contre le fait que nos titres fonciers soient annulés. La confiance est enterrée. Nous ne leur faisons plus confiance* », déclare aussi ESSONGO Daniel, notable de Lolabé. Aurélien EYOBO MBONDJO, 1er adjoint

[63] *Dipegnidjé* est un village frontalier à Lolabé.

préfectoral de Kribi, s'indigne du climat qui existe entre eux et les populations riveraines, en ces termes :

> Le fait de veiller à ce que la loi soit respectée dans le cadre des indemnisations, même si nous ne sommes pas d'accord avec elle, pousse les riverains à nous traiter de responsables de leur misère. En effet, une situation de crise et de non confiance règne entre eux et nous.

Les populations riveraines ont plusieurs fois, en signe de mécontentement, bloqué la route qui mène au site du port et des carrières exploitées pour l'autoroute (photo 1).

Photo 1 : Séance de négociation entre le sous-préfet de Kribi 1er et les populations révoltées à la carrière le 12 août 2016

Le préfet et sa suite ont effectué des descentes pour rétablir l'ordre. Il y a eu des négociations, et à certains moments des arrestations. La confiance devrait exister entre les populations riveraines et les fonctionnaires de l'État. Malheureusement, à Mboro et Lolabé, cette confiance a suffisamment été entamée, à cause des indemnisations.

3. Le conflit entre les populations riveraines et l'État relatif à la superficie de la zone déclarée d'utilité publique

Il est abondamment mis en exergue par les deux types d'acteurs enquêtés. En effet, la superficie de la DUP en profondeur de la terre (26 000 hectares) est estimée par tous comme exagérée. Michel TIANGUEU, délégué départemental de l'Environnement de l'Océan, déclare : « *les indemnisations ont apporté beaucoup de contestations et la révolte chez les populations. Elles estiment que la superficie de la zone d'utilité publique est exagérée par rapport au projet du port et sont en colère contre le gouvernement.* »[64]. En fait, les populations de Mboro et de Lolabé vivent essentiellement de la pêche et de l'agriculture. Le port de Kribi a créé une *zone interdite pour la pêche et l'agriculture,* à travers la *zone de déclaration d'utilité publique (DUP) d'une superficie de 26 000 ha.* Or, ne pouvant aller sur de longues distances dans la mer pour pêcher, elles ne pratiquent que la pêche artisanale : d'où le mécontentement absolu. Ils se sentent trahis par l'État. « *Je me demande bien si c'est toujours le port en eaux profondes ou le port en terres profondes ! Pourquoi bradent-ils toutes ces terres ? Est-ce pour les revendre aux gens qui voudront investir ?* », s'indigne Benjamin MOUKOKO EKITIKE, pêcheur de Lolabé. Bref, les populations, tout comme certains fonctionnaires, y voient une sorte d'arnaque des « hauts placés » pour les dépouiller de leurs terrains (leur principale source de richesse), qu'ils revendront plus cher à des industriels et des tiers qui voudront s'y installer plus tard. Et ce problème de terrain de la zone de DUP n'a pas seulement créé les conflits entre les populations riveraines et l'État, mais elle est aussi une source de désaccords familiaux dans les villages.

---

[64] Interview 15/08/2016.

4. Les conflits au sein des familles

D'après les résultats de l'enquête de terrain, le village Lolabé jouissait d'une paix entre frères et entre différents hameaux du village. L'enrichissement immédiat, découlant des indemnisations des terres, a instauré un climat malsain dans le village. Marie Christiane TCHELE, native de Lolabé, s'exprime d'ailleurs avec regret en ces termes :

> En famille ou dans un village, il existe toujours des conflits. Car, les hommes sont différents et ont le droit de penser différemment ou d'agir de manière différente. *Mais, l'arrivée des indemnisations a détruit la paix et la joie qui régnaient dans notre village. Les familles, jadis amies et unies, sont en guerre pour des problèmes de terrain.*

En effet, la majeure partie des terrains est gérée par le système foncier coutumier, où la propriété est collective. Lorsque certaines familles arrivaient à faire titrer le terrain, c'est au chef de famille que l'on remettait de l'argent. La somme n'étant généralement pas très signifiante par rapport au nombre élevé de membres de la famille, il s'en suivait des querelles intestines. Jean Calvin MEME, pêcheur de Lolabé, le confirme en ces termes :

> Je suis l'aîné d'une famille de 13 enfants, tous adultes, famille qui jadis était citée comme modèle dans la contrée, à cause de l'harmonie qui a toujours existé entre mes frères et moi. On m'a remis 15 millions à titre d'indemnisation des plantations de notre feu papa et des concessions familiales. Mettez-vous à ma place. Quel partage faire ! Et où aller rebâtir ? Mes frères cadets et leurs épouses m'ont traité de tous les maux. Aujourd'hui, c'est la guerre entre nous.

Parvenu au terme de cette section, nous remarquons que la législation camerounaise sur les indemnisations est une source de conflits entre les populations et l'État, et entre les populations elles-mêmes. Après avoir rappelé les différents conflits nés de la législation sur l'indemnisation, il est maintenant loisible de s'interroger, *in fine*, sur les facteurs réels de ces conflits.

B. Les facteurs profonds des conflits liés aux indemnisations à Mboro et Lolabé

Le conflit est un antagonisme entre individus ou groupes dans la société. Il survient « *quand une décision ne peut être prise par les procédures habituelles.* » (James MARCH ; Herbert SIMON, 1958). Communément admise, cette définition provient de la sociologie des organisations, qui montre que les conflits dépendent des modèles organisationnels et des relations de pouvoir. Le conflit peut ainsi être considéré comme un affrontement entre des intérêts, des valeurs, des actes ou des procédures. D'une manière simpliste, on dira qu'il est le fait d'un désaccord. Soulignons, toutefois, qu'il peut y avoir un désaccord sans qu'il y ait de conflit[65]. C'est dans cet ordre d'idées qu'Yvan POTIN (2009 : 5) donne deux acceptions à la notion de conflit : la première acception vient du latin « *conflictus* », qui signifie le choc, la lutte, le combat, la guerre… Ce choc inflige des pertes aux deux adversaires ; la deuxième acception signifie la rencontre d'intérêts qui s'opposent ; et si cette opposition d'intérêts n'est pas traitée, elle peut entraîner un conflit ouvert. C'est le cas des conflits observés à Mboro et Lolabé, qui sont aussi bien endogènes (1), qu'exogènes (2).

1. Les facteurs endogènes des conflits observés à Mboro et Lolabe

Nous entendons par facteurs *endogènes des conflits*, l'ensemble d'éléments intimement liés aux populations

[65] sociologie.revues.org/676 (consulté le 31/05/2017).

locales dans les problèmes liés à la procédure d'indemnisation. Bien que la liste de ces facteurs soit loin d'être exhaustive, nous avons relevé les six facteurs endogènes les plus importants, à savoir : la non-sensibilisation des populations par les élites politiques locales ; la corruption des chefs traditionnels ; la non dénonciation des actes de corruption par les acteurs sociaux ; l'abandon du rôle de chef traditionnel au profit de celui d'auxiliaire d'administration ; l'individualisme des populations riveraines et leur ignorance de la législation sur les indemnisations.

a. La non-sensibilisation des populations par les élites politiques locales

Au regard des résultats de l'enquête de terrain, les riverains prennent en mal l'action du sénateur MBA MBA, représentant des populations au *comité de pilotage* du complexe industrialo-portuaire de Kribi (CIPK) qui, au lieu de militer en leur faveur, a plutôt cherché son positionnement. En effet, en tant que personne avisée, il aurait dû instruire les populations sur la procédure des indemnisations, afin qu'elles se préparent en conséquence. Ce qui n'a pas été fait. Sa Majesté Roger MEKOUNDE, chef de village d'Afan Mabe et secrétaire général de l'association des chefs traditionnels de l'Océan, appuie cette thèse par ces propos : « *L'élite politique*[66] *s'est plutôt rapprochée du comité de pilotage du projet pour se faire nommer comme représentant des populations et avoir des avantages liés à ce poste* ». Les acteurs institutionnels ne se sont pas tus à ce propos. Michel TIANGUEU, délégué départemental de l'Environnement, soutient cette thèse en déclarant que « *Les élites politiques locales sont supposées être initiées. Mais, elles n'ont pas aidé les populations* »[67].

---

[66] Minorité de ceux qui dirigent ou exercent un pouvoir d'influence sur les affaires publiques (www.larousse.fr).

[67] Interview du 15/08/2016.

Les villages Mboro et Lolabé ont, dans leur circonscription politico-administrative, des élites politiques locales, dont : deux sénateurs (département de l'Océan), un député (Océan-Sud) et un maire (Kribi 1er). En effet, une élite est une personne supposée être éclairée, qui doit éclairer les autres membres de sa communauté sur les sujets qu'ils semblent ne pas connaître. Puisqu'il n'existait pas encore de sénateurs au Cameroun en 2011, les députés de l'Océan devaient insister sur la révision des taux relatifs aux indemnisations. Car, leurs prérogatives leur permettent aussi de faire des propositions de loi. Dans le cas de Mboro et Lolabé, le taux des indemnisations est très bas par rapport au coût de vie actuel des populations. Les députés, le maire de Kribi 1er, le président de la section RDPC[68] pouvaient aussi, lors de leurs tournées politiques, faire appel aux délégués régionaux et départementaux impliqués dans le processus des indemnisations, voire aux ONGs (comme au projet de Lom Pangar), pour que ceux-ci entretiennent les populations riveraines sur les actions à mener, afin de tirer le plus grand profit de l'arrivée du projet ou encore pour éviter des désagréments le moment venu. AYINDA, chef de service des domaines à la délégation départementale du MINDCAF de l'Océan, déclare : « *Les élites politiques ont brillé par leur absence. Elles n'ont aidé ni les populations ni l'administration* ».

b. La corruption des chefs traditionnels

Elle est mise en exergue par tous les deux types d'acteurs enquêtés. Les chefs traditionnels sont les plus indexés. Aurélien EYOBO MBONJO[69] soutient cette thèse, en ces termes : « *Tout part des chefs. S'ils refusent de signer les procès-verbaux, rien n'est pris en*

[68] Parti au pouvoir, majoritaire dans la zone.
[69] 1er adjoint préfectoral de Kribi lors de son interview.

considération. Ils sont de connivence avec les fonctionnaires. C'est eux qui disent où s'arrêtent les plantations, à qui elles appartiennent »[70]. Et ajoute que

> Ils sont les plus corrompus. Ils sont les acteurs principaux ; car, ils doivent dire le droit au niveau de leur territoire de compétence. Tous les procès-verbaux falsifiés ont été co-signés par eux ; car, ils y trouvaient leurs comptes. Heureusement que la ministre des Affaires foncières a annulé ces titres fonciers.

En réalité, lorsqu'un chef traditionnel refuse de signer un procès-verbal, le *titre foncier* ne peut être établi. Or, *plusieurs titres fonciers fictifs et illégaux*, qu'ont utilisés les fonctionnaires et autres hommes d'affaires voulant tirer profit de l'arrivée du projet à Kribi, ont eu l'approbation des trois chefs (qui malheureusement sont déjà morts), pour qu'ils soient effectifs et légaux. Bien plus, ces chefs traditionnels sont vus d'un mauvais œil par la grande majorité de la population, qui les indexe d'être complices avec les fonctionnaires. Caïus MAHAMA IKAKA, notable de Lolabé, s'exprime ainsi : « *Paix à son âme (rire), mais c'est là où est la base de tous les conflits. Le chef a voulu s'accaparer de tout au détriment du village en complicité avec l'ancien sous-préfet* ». François OYOVI IKAKA, notable de Lolabé, ajoute : « *Ils sont tous corrompus et responsables de tout ce qui arrive. N'eût été la mort qui les a tous frappés, tous les trois chefs se retrouveraient en prison, comme le préfet François Villon et son équipe* ». Ils accusent leurs défunts trois chefs traditionnels d'être la source de tous les problèmes qu'ils vivent à ce jour ; car, ils n'ont pas joué le rôle de protecteur du peuple, mais plutôt d'amis des fonctionnaires présumés délinquants.

---

[70] Interview du 15/07/2016.

c. La non-dénonciation des actes de corruption des chefs traditionnels et des fonctionnaires par les riverains

Toutes les actions de corruption sus-évoquées étaient faites au su des populations, qui n'ont certainement pas trouvé important de dénoncer les faits. AYINDA[71] soutient cette thèse par ces propos : *« Les populations se sont réservées de faire des dénonciations des malversations observées »*. En effet, les populations riveraines ont leur mot à dire, pour ce qui est des procès-verbaux relatifs aux titres fonciers, vu le décret du 27 avril 1976[72], qui stipule que les riverains ont le droit d'assister aux travaux de bornage et de donner leur approbation. Ils sont membres de la *commission consultative communale* (article 12 du décret du 27 avril 1976), où siègent *le chef et deux notables* du village ou de la collectivité où se trouve le terrain à titrer. Comment comprendre donc que des terrains, aussi immenses en superficie, ont pu être titrés par des allogènes sans que les riverains se soient opposés ? La thèse de la non-dénonciation des actes de corruption tient à cet effet.

d. La préférence du rôle d'auxiliaire d'administration au détriment de celui de chef traditionnel

Les populations estiment que leurs chefs traditionnels se comportent plus en auxiliaires d'administration qu'en autorités traditionnelles. Le fait qu'ils aient tous été dans la combine avec les fonctionnaires de l'administration territoriale, au détriment des intérêts de leurs villages, a été mal apprécié par ces riverains. À cet effet, Raoul Davy

---

[71] Chef de service des domaines à la délégation départementale du MINDCAF de l'Océan.

[72] Décret n°76/165 du 27 avril 1976 fixant *les conditions d'obtention du titre foncier*.

MBOME, autochtone de Lolabé, soutient que « *Les chefs refusaient d'écouter les populations. Ils étaient corrompus et n'assistaient pas aux réunions de crise. Ils utilisaient plus leur étoffe d'auxiliaires d'administration que celle de chefs traditionnels.* »

Certes, les terres appartiennent aux familles dans le système foncier traditionnel. Mais, les chefs traditionnels n'ont pas organisé leurs villages respectifs pour faire front commun à l'arrivée du projet. AYINDA, chef de service des domaines de l'Océan, s'insurge, à cet effet, par ces propos : « *Ils avaient l'information sur l'arrivée du projet lorsque le préfet François Villon leur demandait de vendre les terrains vierges aux ministres et autres dignitaires qui venaient de la Présidence* »[73]. Au lieu d'en parler avec les villageois, ils traitaient avec le préfet et le sous-préfet d'alors. Les populations sont en colère ; car, elles estiment qu'ils leur ont caché la vraie et bonne information relative au projet du port en eaux profondes et des indemnisations. D'autres estiment qu'ils ont mis le village en difficulté : « *Si les gens de Lolabé crient aujourd'hui, c'est à cause de l'ancien chef (décédé). Il a, à cause des petits perdiem, mis le village en difficulté de connivence avec BESSALA, l'ancien sous-préfet* », ajoute Louis Patrice MASSOKO, notable du village Lolabé[74].

e. L'individualisme des populations riveraines

La vie en société est une vie de collectivité. Les actions collectives ont toujours eu plus d'impact que celles individuelles. Benjamin MOUKOKO EKITIKE, pêcheur de Lolabé, s'indigne en ces termes : « *Les villageois ont brillé par leur individualisme. Chacun recherchait ses propres intérêts. Nous ne nous sommes pas regroupés en tant que communauté ou association, pour dénoncer en*

[73] Interview du 15/09/2016.
[74] Interview du 28/09/2016.

bloc nos frustrations. C'était du chacun pour soi ! » En effet, si les gens étaient solidaires, ils devaient refuser en bloc les montants relatifs aux indemnisations. Les journaux, les agents du renseignement, les réseaux sociaux allaient se charger de faire connaître cet évènement, non seulement à la très haute hiérarchie, mais aussi à tous les Camerounais, voire au village planétaire. C'était là une occasion en or d'envoyer un message fort à l'administration, qui allait se déployer sur le terrain pour savoir ce qui se passe, et forcément trouver une solution. Malheureusement, les gens ont pris l'argent et se sont mis à revendiquer après. Il n'y a pas eu la *solidarité à l'africaine*. Or, la Constitution *camerounaise,* dans son préambule, autorise le droit de grève et de manifestation. Si elles étaient solidaires, les populations auraient enregistré toutes leurs revendications et refusé en bloc de percevoir les indemnisations, tant que le gouvernement n'aurait pas actualisé les barèmes de paiement.

f. L'ignorance de la législation sur les indemnisations par les riverains

« *Nul n'est censé ignorer la loi* ». Cette déclaration se justifie du fait que toutes les lois de la république sont votées au parlement. À cet effet, chaque unité administrative du Cameroun est représentée par des parlementaires (sénateurs, députés) qui doivent, lors de leurs tournées politiques, restituer au peuple, après chaque session parlementaire, les décisions prises et les lois votées ou amendées. Malheureusement, il y a un grand fossé entre ce qui doit être fait par ces parlementaires et ce qui est fait sur le terrain. Aussi, les populations sont-elles ignorantes de certaines dispositions juridiques. Cette ignorance est décriée par Téclaire MBOUMEDJI, directrice de l'école maternelle de Lolabé et native du coin, en ces termes : « *La non-maîtrise des lois par rapport aux indemnisations par ces dernières les a induites dans beaucoup d'erreurs »*. Il est évident que près de 80 % de la population de Lolabé n'est pas instruite[75]. Même comme ils sont des pêcheurs et agriculteurs, ils devaient chercher les informations sur la procédure des indemnisations, lorsque le projet leur a été annoncé. Malheureusement, ce peuple « *a péri faute de connaissance* » pour parler comme le prophète OSÉE. Or, il est important de s'informer sur l'actualité du pays. C'est aussi cela la culture générale.

En somme, force est de constater que les conflits, nés des indemnisations du projet de construction du CIPK, permettent de mettre en cause les principales bénéficiaires des indemnisations, que sont les populations elles-mêmes. Toutefois, ces populations ne sont pas les seules responsables. D'autres acteurs sociaux ont aussi contribué à ces conflits, au point qu'il est maintenant important d'examiner les facteurs exogènes de ces conflits.

2. Les facteurs exogènes des conflits observés à Mboro et Lolabe

En dehors des populations concernées, d'autres acteurs ont joué un rôle non négligeable dans les conflits causés par les indemnisations à Mboro et Lolabé. Aussi entendons-nous par *facteurs exogènes des conflits*, toutes les causes non imputables aux populations bénéficiaires des indemnisations, et imputables à tout autre acteur en dehors de ces populations indemnisées. À cet effet, l'enquête de terrain a ressorti cinq principaux facteurs exogènes, à savoir : le non-respect de l'éthique et de la déontologie administrative ; la mauvaise application de la législation sur les indemnisations ; la non-protection des populations locales par l'État ; la corruption des

[75] *Étude d'Impact Economique et Social (EIES) du port en eaux profondes de Kribi*, p.35.

fonctionnaires et l'obsolescence de la législation relative aux indemnisations.

a. Le non-respect de l'éthique et de la déontologie administrative

Ayant abordé le sujet dans son bureau, Michel TIANGUEU, Délégué départemental de l'Environnement de l'Océan, déclare :

> Nous pouvons dire qu'au-delà de la corruption, il y a le non-respect de l'éthique et de la déontologie des fonctionnaires dans l'exercice de leurs fonctions. Leurs évaluations parfois n'ont pas été objectives. *Car, il arrivait que certains, dans leurs sectorielles*[76], *déduisaient parfois les chiffres, parce qu'ils n'avaient pas le temps de compter pied par pied les tiges de bananiers dans une plantation, tenant ainsi compte des déclarations des villageois.*[77]

D'après l'article 35 du décret n°94/199 du 7 octobre 1994 portant *Statut général de la fonction publique de l'État* au Cameroun, le fonctionnaire est astreint aux obligations :

- de servir et de se consacrer au service ;
- de désintéressement ;
- d'obéissance ;
- de réserve ;
- de discrétion professionnelle.

Et l'article 36 (1) dudit décret ajoute que le fonctionnaire est tenu d'assurer personnellement le service public à lui confié et de s'y consacrer en toute circonstance avec diligence, probité, respect de la chose publique et sens de responsabilité. Pour soutenir cette

[76] *Sectorielle* est le terme attribué à une *sous-commission* spécifique relevant d'une *commission principale*.
[77] Interview du 15/08/2016.

thèse, le chef de bureau des affaires générales[78] à la délégation départementale du MINADER déclare que « *Les fonctionnaires n'ont pas tous été objectifs dans les évaluations des mises en valeur* ». Au regard des dispositions législatives sur les devoirs des fonctionnaires de l'État, nous constatons qu'il y a eu un manque de respect de l'éthique et de la déontologie administrative par ces derniers pendant l'exécution de leurs missions relatives aux indemnisations à Mboro et Lolabé. Ils n'ont pas travaillé avec diligence ni avec probité ou respect de la chose publique, et n'ont pas usé du sens de la responsabilité.

b. La mauvaise application de la législation par les fonctionnaires de l'État

La mauvaise application de la législation sur les indemnisations est décriée et présentée comme source de conflits par les deux types d'acteurs sociaux enquêtés. Aussi, il en ressort que trois dispositions légales n'ont pas été exécutées selon les normes, causant par ricochet le mécontentement des populations riveraines. Il s'agit, notamment, du non recasement préalable des personnes expropriées, du paiement non effectif de certaines indemnisations et du paiement arbitraire des indemnisations.

- ***Le non recasement préalable des personnes expropriées***

La législation camerounaise relative aux indemnisations n'instruit pas la relocalisation des personnes expropriées. Toutefois, la *politique opérationnelle OP 4.12* de la B.M sus-évoquée exige que les personnes victimes d'expropriation soient relocalisées au préalable. La *Constitution camerounaise* (article 45)

[78] Il n'a pas donné son identité.

considère tous les traités internationaux ratifiés par le Cameroun, comme faisant partie intégrante de la législation nationale. Voilà pourquoi dans tous les grands projets exigeant l'expropriation, l'*OP 4.12* doit être appliquée. Raoul MBOME, autochtone de Lolabé, reconnait qu' : « *Il y a une différence entre Lom Pangar et Lolabé. On a mis la charrue avant les bœufs. On aurait dû recaser les gens avant de payer les indemnisations* »[79]. En effet, certaines personnes ont été indemnisées lors de la première phase des indemnisations ; mais elles n'ont pas été recasées. À cet effet, l'argent des indemnisations est déjà fini, alors qu'ils habitent encore dans les maisons à démolir. Ils ne savent plus quoi faire. « *Ce qui m'énerve, c'est le lieu de recasement. Cette histoire dérange. On va où ? Et quand ? Les gens n'ont plus où travailler et la famine s'installe déjà ici au village* », s'indigne Marie Christiane TCHELE, cultivatrice et native de Lolabé. Le fait que les zones de relocalisation n'aient pas été aménagées avant les premières indemnisations, et même non viabilisées jusqu'à ce jour, est mal perçu par les villageois qui n'arrivent pas à faire des champs, puisqu'une interdiction de cultiver sur la zone déclarée d'utilité publique leur a été intimée par les autorités administratives. Les populations n'ont pas encore reçu l'ordre de s'installer dans les sites de recasement ; car, ils ne sont pas encore viabilisés à ce jour, comme le démontrent les photos 1, 2, 3 et 4 ci-dessous.

[79] Interview du 17/09/2016.

Photo 2 : Zone de relocalisation Nord des populations expropriées du projet de Kribi[80]

Source : Pierre NKOU ABINA (janvier 2017).

Photo 3 : Zone de relocalisation Sud des populations expropriées du projet de Kribi[81]

Source : Pierre NKOU ABINA (Janvier 2017).

[80] La zone de relocalisation Nord se situe à 7 km du site du port en allant vers Campo.

[81] La zone de relocalisation Sud se situe à 5 km du site du port en allant vers Campo.

Photo 4 : Zone de relocalisation Sud-Est (École des pygmées) du projet de Kribi[82]

Source : Pierre NKOU ABINA (janvier 2017).

Photo 5 : Maisons destinées à la destruction encore habitées à Lolabé (projet de Kribi)[83]

Source : Nathan MUSONG (Janvier 2017).

---

[82] La zone de relocalisation Sud-Est se situe à 3 km du site du port en allant vers Campo.

[83] Une des cases de la concession de la chefferie de Lolabé.

Le problème posé à Lolabé est que les populations, ayant perçu l'argent de l'expropriation, ne savent pas où aller construire d'autres maisons ; *car, jusqu'à ce jour, les zones de recasement ne sont pas encore disponibles et attribuées à qui de droit*. Le peu d'argent reçu s'est très vite volatilisé. Il y a un problème. Où vont-elles partir le moment venu ? Faudra-t-il encore les dédommager ? Dans le cas présent, il serait important qu'au préalable, les zones de recasement soient identifiées, viabilisées, distribuées, avant que les indemnisations se fassent. D'où le *problème de la préparation des projets structurants*, qui se pose ici avec acuité.

- ***Le paiement non effectif de certaines indemnisations***

Certaines populations riveraines du projet de construction du CIPK sont révoltées aujourd'hui, du fait du non-paiement effectif de leurs indemnisations. Aurélien EYOBO MBONDJO, 1er adjoint préfectoral de Kribi, s'exprime ainsi : « *Les gens veulent leur argent. La régularisation traîne et ils n'apprécient pas* ». Or, l'article 4 (2) de la loi du 4 juillet 1985 stipule qu'« *En principe, l'expropriation ouvre droit à une indemnisation préalable* ». On devrait, en principe, indemniser toutes les personnes à exproprier avant le début des travaux ; chose qui n'a pas été faite, et cet état de choses a fait comprendre à la population qu'elle n'est pas véritablement protégée par l'État[84]. D'où encore le *problème de la préparation des projets structurants*, qui se pose aussi ici avec acuité.

[84] Contrairement au projet de Kribi, EDC (maître d'ouvrage du projet de Lom Pangar) a mis en place tout *un mécanisme de gestion des plaintes dans le projet*, à travers un *bureau de règlement des griefs (BRG)*, qui fonctionne bien. *Face à toute situation ou difficulté induite par le barrage, toute personne peut saisir EDC et le BRG*, qui envoient les experts sur le terrain pour mener des investigations. Dans ce mécanisme, EDC est accompagné

- ***Le paiement arbitraire des indemnisations des maisons***

L'évaluation et le paiement des indemnisations des maisons sont régis par l'arrêté du 20 novembre 1987 fixant les *bases de calcul de la valeur vénale des constructions frappées d'expropriation pour cause d'utilité publique*. Le problème, que soulèvent les populations, est relatif aux évaluations des maisons qu'elles ont trouvées arbitraires. À cet effet, Théodore IVAHA, notable de Lolabé, s'indigne ainsi : « *Ma maison, qui m'a coûté près de 7 millions, et qui n'est pas encore achevée, a été évaluée à 2 millions* ». Les populations estiment que l'évaluation est faite de manière hasardeuse. « *Comment ma maison qui est en dur, même si elle n'est pas encore crépie et plus grande que celle de MAHAMAT, peut coûter 3,5 millions, alors que la sienne, qui est faite en planches, coûte 6 millions !* », s'exclame Louis Patrice MASSOKO, notable de Lolabé.

c. La non-protection des populations locales par l'État

Le devoir de l'État est de protéger les peuples et populations autochtones. Voilà pourquoi le Cameroun s'est investi dans la ratification de plusieurs traités internationaux, dont ceux relatifs aux *Droits de l'homme,* qui renforcent cette protection. Malheureusement, les résultats de l'enquête de terrain montrent que la législation camerounaise sur les indemnisations ne protège pas suffisamment ceux qui vivent au quotidien dans la *zone déclarée d'utilité publique* du CIPK qui s'estiment moins avantagés par rapport aux allogènes, qui s'y sont installés peu avant l'arrivée du projet. À cet effet, Théodore IVAHA, notable de Lolabé, s'insurge en ces termes :

---

par une ONG, qui sert de caution pour garantir la transparence dans la gestion des litiges (Dr A. Emadak, 2020 : 3).

> Ce qui m'énerve c'est qu'on a privilégié les étrangers par rapport aux natifs dans le paiement des indemnisations. Ces étrangers, tels MARAFA HAMIDOU YAYA, Gervais MENDO ZE et bien d'autres, qui ont eu des titres fonciers sur des forêts vierges de très grandes superficies, ont été payés en premier, et par de gros montants, même ceux n'ayant réellement pas de plantations et que nous ne connaissons pas ici à Lolabé.

Lors du premier paiement des indemnisations, les principaux bénéficiaires étaient, en majorité, des gens qui ne sont pas natifs de Lolabé et qui n'ont jamais habité le coin. C'est d'ailleurs la cause de la première révolte des populations riveraines, ayant ainsi amené le Premier ministre à suspendre le paiement des indemnisations en demandant à la CONAC de faire des enquêtes : d'où l'arrestation des présumés coupables. Trois faits majeurs sont à souligner ici : le délit d'initié ou l'abus de biens sociaux, l'achat illégal de terrains coutumiers et la non-sensibilisation des populations par rapport à l'arrivée du projet structurant.

- ***Le délit d'initié ou l'abus de biens sociaux***

C'est le fait qu'une personne, occupant une position de pouvoir lui permettant d'avoir certaines informations, l'utilise à son profit. Les gens ont anticipé l'action du gouvernement et ont *abusé des biens sociaux*[85]. Ces personnes, connaissant les « secrets des dieux », sont venues non pas à Kribi, mais directement à Mboro et Lolabé (35 km de Kribi) pour acheter de grandes surfaces et les sécuriser. Le port en eaux profondes était d'abord destiné à être construit à Grand-Batanga (village situé à 20 km de Kribi), information que le commun du peuple savait depuis les années 1980. À cet effet, une ruée

[85] Les *biens sociaux* sont ici des biens publics généralement soumis à la gestion des dirigeants (www.wikipedia.org consulté le 09/09/2016).

d'initiés (membres du gouvernement, directeurs généraux, ex-secrétaire général de la présidence de la république et amis), sachant que l'effectivité du projet ne sera plus à Grand-Batanga, mais à Lolabé, s'est empressée d'acheter des terrains et de les sécuriser par des titres fonciers sur la zone devant être, un peu plus tard, déclarée d'utilité publique pour se faire dédommager à coup de centaines de millions. Or, l'article 135 (1) du *Code pénal*[86] stipule que

> Est puni d'un emprisonnement de six mois à deux ans, d'une amende d'un million à dix millions, toute personne qui, à l'occasion de l'exercice de ses fonctions, dispose d'informations privilégiées relatives à la réalisation d'un projet par l'État et pose des actes à son propre avantage dans le but de réaliser un profit indu.

- ***Les achats illégaux de terrains coutumiers***

L'ordonnance 74/1 du 06/07/1974 stipule que l'on ne peut acheter un terrain qui n'est pas titré, et encore moins titrer un terrain qui n'a pas été mis en valeur. La majorité des terrains acquis par *délit d'initié* sont des forêts vierges (voir photo 6 ci-dessous). Lors d'une interpellation au sujet des problèmes d'indemnisations à Kribi, le député Martin OYONO du Département de l'Océan a relevé qu'il était inconcevable d'obtenir des titres fonciers sur des terrains non mis en valeur. Allant dans la même logique, Aurélien EYOBO MBONDJO, 1er adjoint préfectoral de Kribi, ajoute : « *Je suis désolé. Les achats de ces grandes superficies de forêts vierges et leurs immatriculations étaient faits sous intimidation et trafic d'influence auprès des chefs traditionnels et non auprès des populations riveraines* »[87].

---

[86] Loi n° 2016/007 du 12 juillet 2016 portant *Code pénal*.
[87] Interview du 10/09/2016.

Photo 6 : Forêt vierge ayant été titrée dans la zone d'utilité publique du projet de Kribi[88]

Source : Pierre NKOU ABINA (juin 2016).

- ***La non-sensibilisation des populations par rapport à l'arrivée du projet***

Au vu des résultats de l'enquête de terrain, les enquêtés sont indignés du fait que ni les élites politiques, ni l'administration ne se sont impliquées réellement pour sensibiliser les populations riveraines à mieux appréhender l'arrivée de ce projet structurant. C'est pourquoi Sa Majesté Roger MEKOUNDE, secrétaire général de l'amicale des chefs traditionnels de l'Océan et Chef de 3e degré d'Afan Mabé[89], se plaint en ces termes :

> On ne prend pas en compte de préparer les populations pour leur bien-être par rapport aux indemnisations. L'État devrait se rapprocher de la base avant de lancer l'effectivité du projet par la déclaration d'utilité publique de la zone, et les élites politiques devraient faire des meetings pour galvaniser les populations à se préparer face aux enjeux.

d. La corruption des fonctionnaires de l'État

Très offusqué par le comportement de ses collègues ayant géré le problème des indemnisations, Aurélien

---

[88] Cette image figure sur le site actuel du port en eaux profondes de Kribi.
[89] *Afan Mabé* est un quartier du centre-ville de Kribi.

EYOBO MBONJO, 1er adjoint préfectoral de Kribi, affirme :

> Laissez-moi vous faire ici allusion au problème de corruption. […] Placide KUNTZ NDOBO, l'ancien délégué départemental du MINADER, et l'ex sous-préfet mettaient les noms de leurs épouses, de leurs amis dans des titres fonciers et des plantations fictives. Ils sont en prison actuellement et les arrestations ne sont pas encore finies.

Dans la même lancée, MPILA, responsable du pôle « infrastructures » du CIPK, ajoute que

> La responsabilité des fonctionnaires est totale. C'est eux qui gèrent toute la chaîne. Il y a beaucoup de corruption de leur part, du fait que plusieurs fonctionnaires ont introduit des noms fictifs, des noms de leurs épouses, de leurs relations comme étant des ayants droit.[90]

Parmi les multiples formes retenues par la B.M pour désigner les actes de corruption, trois de ces formes ont été observées à Mboro et Lolabé pendant le processus des indemnisations (Claude JAMATI, 2007), à savoir : la *fraude* (à travers la falsification des données et des factures) ; le *favoritisme* (à travers le népotisme, la collusion) et le *détournement de fonds* (le vol de ressources publiques par des fonctionnaires). Et le gouvernement a déjà commencé à traquer les principaux responsables de cette corruption. En effet, les acteurs institutionnels interrogés reconnaissent d'ailleurs ces efforts du gouvernement et de la justice pour mettre fin à ces déviances. Le délégué départemental du MINEPAT de l'Océan s'exprime à ce propos :

> Je connais bien le problème. Car, lorsque les indemnisations se passent, je suis délégué

[90] Interview du 27/07/2016.

départemental du MINEPAT pour l'Océan ; et de ce fait, membre de la commission d'indemnisation, en tant qu'observateur. *Il y a eu trop de faux de la part des fonctionnaires. J'avais mes procès-verbaux à moi, qui avaient certains chiffres, et à la fin, le délégué du MINADER vient me demander de co-signer le procès-verbal officiel avec des chiffres faux, où il a ajouté des noms fictifs et des plantations fictives. J'ai refusé. Le préfet de l'époque, étant dans la magouille, m'a menacé avec le sous-préfet de l'époque. J'ai refusé. Même chose avec ceux des autres sectorielles. J'ai donc été affecté à Tibati pour ne pas nuire.* Aujourd'hui, 6 ans plus tard, ils sont tous en prison à Kondengui et moi j'ai été réaffecté ici à l'Océan jouissant de ma liberté[91].

En effet, plusieurs fonctionnaires, qui étaient impliqués dans le processus des indemnisations à Mboro et Lolabé, sont en prison, selon le journal *Daily News :*

> Certaines personnes sont actuellement détenues à la prison centrale de Kondengui à Yaoundé, dont Jean François Villon, ancien préfet de l'Océan actuellement en retraite ; son deuxième adjoint d'alors, Joseph André Eyébé (sous-préfet actuel de l'arrondissement de Bangangté) ; Hubert Bessala, ancien sous-préfet de Kribi 1er ; Ngoun, délégué départemental de l'Agriculture de l'Océan ; Placide Kuntz Ndobo, ancien sous-préfet de Zoétélé et le géomètre Belobo.[92]

Yvette MBASSI (2016 : 24), du quotidien national *Cameroon-Tribune*, le confirme ainsi :

> Les indemnisations du port en eau profonde de Kribi ont conduit dix personnes, jeudi 5 mai au petit matin,

[91] Interview du 12/09/2016.

[92] www.dailynewscameroon.com/fr/Justice v-rit-s-et-contre-v-rit-s-sur-le-scandale-des-indemnisations-du-port-de-kribi/7806 (consulté le 24/03/2017).

à la prison centrale de Kondengui à Yaoundé. Il s'agit de différentes autorités administratives du département de l'Océan, aujourd'hui à la retraite, dont Jean-François Villon, préfet au moment des faits. Mais aussi, les anciens sous-préfets de Kribi 1er, adjoint d'arrondissement de Kribi 1er et premier adjoint préfectoral de Kribi. À cette liste s'ajoute le nouveau sous-préfet de Bagangté, André Joseph Eyebe Eyebe, installé le 25 avril dernier dans ses fonctions. Les six autres personnes interpellées sont des chefs de service départementaux des ministères des Domaines, du Cadastre et des Affaires foncières ainsi que de l'Agriculture et du Développement rural. En clair, il s'agit tous là des membres de la commission d'identification et de recensement des populations victimes d'expropriation dans le cadre du projet sus-évoqué.

Interpellés au début du mois de mai 2016, il est reproché à ces fonctionnaires en activité ou en retraite, outre les faits de « faux et usage de faux et abus de confiance », le détournement de deniers publics découlant des indemnisations du port en eau profonde de Kribi, et devant être versées aux populations de Lolabé et Mboro. Ces actes de corruption des fonctionnaires sont aussi décriés par les populations riveraines. Marie Christiane TCHELE, agricultrice et native de Lolabé, déclare :

> Nous n'avons rien compris à la salle de fête de Kribi. Des noms des allogènes qui percevaient des centaines de millions (300 millions pour certains ; 250 millions pour d'autres) ! Des gens qu'on n'a jamais vus au village un seul jour ! Alors que ceux parmi nous qui ont eu la grâce de percevoir ces indemnisations n'ont pas excédé 8 millions et ceci est pour toute la famille[93].

[93] Interview du 28/09/2016.

En fait, il y a eu la révolte lors de la remise officielle des premiers chèques liés aux indemnisations, lorsque le coordonnateur du complexe industrialo-portuaire de Kribi et le chef d'agence de la BICEC de Kribi ont publié la liste des bénéficiaires avec les montants. Les autochtones ayant vu la différence entre leurs chèques et ceux des allogènes, dont ils ne connaissent pas l'existence, ont dénoncé les irrégularités, et le Premier ministre a suspendu le paiement des indemnisations, bloqué les comptes à la banque, et lancé une contre-expertise, qui a conduit à l'arrestation des personnes sus-évoquées. L. NGA ABENA (2018 : 5), de l'hebdomadaire *Kalara*, va plus loin en ces termes :

> Ce lundi 8 janvier 2018, il faudra avoir beaucoup de chance pour obtenir une place assise dans l'une des salles d'audience du Tribunal criminel spécial (TCS). Ce sera en principe le jour d'ouverture du procès public des personnes poursuivies au sujet des indemnisations jugées frauduleuses (…) du complexe industrialo-portuaire de Kribi. Au total, 56 personnes sont attendues à la barre pour s'expliquer, selon les cas, sur les faits supposés de détournement de deniers publics, de coaction de complicité ou de tentative de détournement de derniers publics. C'est le résultat de l'enquête qui concernait 74 inculpés au départ, 18 d'entre eux ayant été mis hors de cause par le juge d'instruction.

L'un des cas les plus frappants des malversations décriées est l'indemnisation de l'école primaire publique de Lolabé. *« Ici, selon l'enquête, 41 millions de francs seront débloqués au profit de Mme Yvette Joëlle MBO, la directrice de cet établissement public »* (Louis NGA ABENA, 2018 : 5). Un fait tout à fait curieux, dès lors que l'État ne dédommage pas ses propres biens. De toutes les façons, après toilettage du premier rapport, la contre-expertise du MINDCAF va ramener le montant prévisionnel des indemnisations du port de Kribi à

14,544 milliards de francs. *« C'est la différence avec le montant initial arrêté dans le rapport de la commission locale de constat et d'évaluation, soit 23 648 milliards de francs, qui est au centre du procès »* (L. NGA ABENA, 2018 : 5). Charles-Olivier MBAMI (2018 : 3), du journal *La Nouvelle Expression* appuie ces déclarations en ces termes :

> Ce méga-procès est pendant devant le Tribunal criminel spécial depuis le 08 janvier 2018. Cinquante-six (56) personnes identifiées sont poursuivies[94] dans cette cause pour quatre chefs d'inculpation : détournement de biens publics, détournement de biens publics en coaction, tentative de détournement de biens publics et tentative de détournement de biens publics en coaction. 14 sont placées sous mandat de dépôt, dont le préfet de l'Océan au moment des faits et deux sous-préfets, 23 comparaissent libres et 19 sont en fuite.

e. L'anachronisme de la législation sur les indemnisations

En réalité, la *mercuriale des indemnisations* se présente comme étant l'une des causes principales des conflits observés à Mboro et Lolabé, dans la mesure où elle ne reflète pas le vécu quotidien. Aussi est-elle réfutée par les populations riveraines et les acteurs institutionnels interrogés. En effet, le coût de vie est de loin supérieur à ce que préconise cette mercuriale. Sa Majesté Roger MEKOUNDE, chef de 3e degré d'Afan Mabé, appuie cette thèse par ces propos : « *La loi sur les indemnisations doit être reformulée ; car, les indemnisations sont inférieures*

[94] Après plus de deux ans de jugement, le TCS a requis des culpabilités pour un montant global de *14 544 601 889 de FCFA*. Le verdict final était prévu, en principe, le 09/09/2020, selon H. Ndombong (2020 : 5).

au coût de vie »[95]. MPILA, expert du pôle infrastructure du CIPK affirme : « *La loi sur les indemnisations est une loi de 1985. Elle n'est plus d'actualité. Elle nécessite une mise à jour.* »[96] Et son collaborateur TAGNE, du pôle environnement, ajoute que « *la législation camerounaise sur les indemnisations ne reflète nullement la réalité du vécu quotidien des populations de Mboro et Lolabé* »[97].

En dehors des populations locales et de l'anachronisme de la législation sur les indemnisations, les agents publics n'ont pas toujours brillé par leur qualité éthique dans la conduite des dossiers relatifs aux indemnisations de Mboro et Lolabé. Bien au contraire, ils ont toujours été aux antipodes des exigences déontologiques en la matière. Bien plus, leur recherche du gain facile a plutôt envenimé la situation. Ces détenteurs de la puissance publique ont donc joué un rôle fort important dans l'émergence des différents conflits observés à Mboro et Lolabé. Au point qu'il est maintenant loisible de faire une étude comparative avec les indemnisations des projets structurants implémentés à Mekin et à Lom-Pangar.

---

[94] Interview du 22/09/2016.

[95] Interview du 27/07/2016. Il s'agit de la loi relative à l'*expropriation pour cause d'utilité publique et aux modalités d'indemnisation.*

[96] Interview du 28 juillet 2016.

CHAPITRE 4

UN PAYS, DEUX SYSTÈMES D'INDEMNISATION : LES INCIDENCES LIÉES AUX INDEMNISATIONS DES PROJETS STRUCTURANTS DE LOM PANGAR ET MEKIN

Fidélie MENDOUGA

À la suite du troisième chapitre de cette étude, qui a insisté sur les conflits liés aux indemnisations des riverains du projet structurant de Kribi, ce quatrième chapitre est consacré au dévoilement des incidences liées aux indemnisations des populations expropriées de Lom Pangar et de Mekin. Aussi se subdivise-t-il en deux grandes sections, à savoir : les incidences économiques (section A) et psycho-socio-anthropologiques (section B) liées aux indemnisations des populations riveraines de ces deux barrages hydro-électriques.

A. Les incidences économiques des indemnisations des populations riveraines des barrages de Lom Pangar et de Mekin

Au regard des résultats de l'enquête de terrain, il ressort que les indemnisations des populations riveraines des projets hydroélectriques de Lom Pangar et de Mekin ont entraîné deux grands types de pertes d'ordre économique, à savoir : les pertes économiques enregistrées par les populations expropriées (sous-section A1) et celles enregistrées par le projet, mieux encore par le budget d'investissement public, en abrégé BIP (sous-section A2).

A1. Les pertes économiques enregistrées par les populations indemnisées

Dans le cadre de la construction des barrages de Lom Pangar et de Mekin, les populations expropriées sont victimes de sept principaux types de pertes économiques, notamment : la perte des frais d'indemnisations ; la perte des activités génératrices de revenus (AGR) ; la perte des cultures ; la perte des terres cultivables ; la perte des constructions ; la mutation des activités paysannes et l'insécurité alimentaire.

1. La perte des frais d'indemnisation

Elle est une situation vécue, aussi bien par les populations expropriées de Lom Pangar que par celles de Mekin. S'agissant du projet de construction du barrage de Mekin, le paiement des indemnisations des populations expropriées s'est effectué en cash et de manière solennelle. Aucune mesure préalable n'a été prise pour sécuriser l'argent des bénéficiaires ; d'autant plus qu'il n'existait pas de structures bancaires à Mekin, encore moins à Bengbis. Cette stratégie de paiement a exposé les bénéficiaires aux agressions et coups de vol. Elle a mis à mal certains indemnisés, qui ont été contraints de partager leurs frais d'indemnisations avec les membres des familles proches et éloignées, comme l'explique David MEKE NTYAMA, agriculteur indemnisé du village Mekomo :

> Ce jour, j'avais tout un monde derrière moi qui attendait cet argent. Dès que j'ai reçu l'argent, j'ai partagé sur place plus de 500 000. Je n'avais plus grand-chose en mains, mais il y avait toujours les gens de la famille éloignée qui voyageaient pour venir

> réclamer leur part. Jusqu'aujourd'hui, j'ai ces problèmes sur le dos[98].

À la lecture de ces propos, il en ressort que certains bénéficiaires des indemnisations et leur entourage social ne maîtrisent pas toujours le bien-fondé de cette procédure au Cameroun. Ce qui laisse très souvent libre cours aux malversations financières de toutes sortes, et entraîne la perte des capitaux sans qu'aucun remplacement des biens détruits par l'expropriation ne soit effectué. Au-delà du partage parfois « *contraignant* » des frais d'indemnisation entre les membres de la famille, certaines personnes expropriées ont perdu leur argent, à travers les coups de vol et « *les agressions causées par le paiement de nuit* »[99], pour reprendre les propos d'André OYOMO, agriculteur indemnisé du village Ekok. Si les populations expropriées de Mekin évoquent de manière récurrente le sujet de la perte des frais d'indemnisations ; tel n'est pas le cas pour les populations expropriées de Lom Pangar, la sécurisation de leurs indemnisations ayant été assurée par l'ouverture des comptes bancaires. Les seuls cas de pertes économiques, signalés par certains bénéficiaires, sont les coups de vol et les agressions enregistrés au lendemain du paiement des indemnisations.

2. La perte des activités génératrices de revenus (AGR)

Elle est propre aux populations riveraines du barrage de Mekin. D'après les résultats de l'enquête de terrain effectuée dans le cadre de la présente étude, cette catégorie de pertes représente 21,7 % des opinions enregistrées par les populations expropriées du site de Mekin. La perte des AGR a créé de véritables déficits économiques au sein de la population expropriée. Elle se matérialise par la perte

[97] Entretien du 23/08/2016.
[98] Entretien du 19/08/2016.

temporaire de l'activité agricole, la baisse de l'activité de chasse, la perte des activités piscicoles, la perte des activités de ramassage et de cueillette.

a. La perte temporaire de l'activité agricole

Elle est perceptible ici, à travers l'abandon du travail de la terre par certains paysans expropriés, qui estimaient qu'ils n'avaient plus besoin d'effectuer des travaux champêtres, au regard des sommes d'argent qui leur étaient allouées. Cette illusion de l'aisance économique, au fondement de l'oisiveté des populations indemnisées, a entraîné, chez certains, la baisse drastique de la production des cultures commerciales (café et cacao) et vivrières à l'origine de l'amenuisement des revenus économiques dans les ménages expropriés. C'est ce qu'illustre Bertin ETUA, agriculteur exproprié du village Biton, en ces termes : « *Quand j'ai eu de l'argent, je n'ai plus travaillé pendant des années. Mes champs de cacao et de café se sont gâtés. Aujourd'hui, je ne récolte plus grand-chose. Je suis obligé de tailler les plants et reprendre tout à zéro* »[100]. Par ailleurs, d'autres attribuent l'abandon des activités agricoles à la prescription de l'autorité administrative, qui leur interdisait de cultiver les plantes pérennes dans la zone susceptible d'inondation en cas de fonctionnement du barrage. C'est aussi ce que révèle Sa Majesté André BIWOLE, chef du village Awo'an : « *parce qu'on doit partir d'ici, on nous a demandé de ne plus mettre la nourriture qui va dépasser trois mois au sol. Depuis, on ne travaille plus les champs. Il n'y a plus de nourriture. On fait comment pour vivre ?* »[101].

b. La baisse de l'activité de chasse

Elle se justifie non seulement par la rareté des animaux sauvages, qui se sont éloignés du site de construction du

---

[99] Entretien du 29/08/2016.
[100] Entretien du 30/08/2016.

barrage, à cause de la déforestation et des bruits des dynamites utilisées ici, mais aussi par l'absence de nourriture. C'est ce qu'explique Joël Aristide ESSAMA ABONDO, paysan exproprié du village Bissombo :

> Au niveau de la chasse, c'est la même chose. Les animaux ne peuvent plus rester là où il n'y a plus de nourriture. Nous sommes au niveau de la zone tampon. Tous les animaux ont fui pour se réfugier dans la réserve de faune du Dja et ça rend la chasse difficile. On ne peut pas entrer dans la réserve, et pourtant la chasse donnait de l'argent pour la survie.[102]

Au vu de ces propos, il en ressort que depuis le début des travaux de construction du barrage de Mekin, l'activité de « chasse commerciale » a considérablement diminué dans le site du projet et ses environs. Pourtant, elle constituait une source génératrice de revenus pour les populations riveraines expropriées.

c. La perte de l'activité piscicole

Elle est causée par l'absence d'évaluation et d'indemnisation des étangs piscicoles[103]. C'est ce qu'affirme NKANEMBANG ZE, un ancien pisciculteur du village Mekomo, en ces termes : « *le passage du projet m'a fait perdre trois étangs piscicoles sans être*

---

[101] Entretien du 27/08/2016.

[103] Contrairement au projet de Mekin, le projet de Lom Pangar a indemnisé les pêcheurs. De plus, avec l'accompagnement du Minepia, il a mis en place *un programme de sensibilisation et d'accompagnement des pêcheurs*, afin de les éduquer sur la *pêche en milieu lacustre*, différente de la *pêche dans une rivière*. Et dans le PGES de Lom Pangar, le *programme de restauration des niveaux de vie (PRNV)* permet d'accompagner les pêcheurs en équipements (pirogues, gilets de sauvage, embarcations à moteur) et en formation (Dr A. Emadak, 2020, 3). C'est ainsi qu'en août 2020, 1381 pêcheurs de 54 villages riverains du projet de Lom Pangar ont reçu des dons de matériel de pêche dans le cadre du PRNV, financé à hauteur de 300 millions de FCFA par l'AFD, selon CRTV Radio Bertoua (27/08/2020 à 19 h 45).

indemnisé »[104]. Cette assertion est d'ailleurs confirmée par les décrets portant indemnisation des personnes victimes de destructions des biens dans le cadre de la construction du barrage de Mekin[105]. En effet, le passage en revue de ces décrets dévoile qu'aucune *autre mise en valeur* n'a fait l'objet d'une indemnisation dans le cadre de ce projet. Seules les personnes détentrices des terrains immatriculés, des terrains en cours d'immatriculation, des constructions et des cultures ont été indemnisées, en guise de compensation des biens détruits par ce projet. Or, la destruction des étangs piscicoles par les eaux d'inondation est à l'origine de la perte totale des *mises en valeur* et des *capitaux investis* dans ce secteur d'activité. Elle a causé un manque à gagner aux pisciculteurs expropriés, entraînant par conséquent l'abandon de ce secteur d'activité.

L'examen de la perte des étangs piscicoles dans le processus d'indemnisation des populations riveraines du barrage de Mekin soulève le problème de l'expertise et de l'évaluation des étangs piscicoles. Au vu des dispositions réglementaires de l'article 5 du décret du 16 décembre 1987, il en ressort que le législateur camerounais n'a prévu aucun responsable du Ministère de l'Élevage, des Pêches et des Industries animales (MINEPIA) dans la composition de la CCE. Pourtant, ces responsables sont les mieux indiqués pour expertiser et évaluer non seulement les étangs piscicoles, mais aussi d'autres investissements de nature similaire (fermes aquacoles, avicoles, porcines, etc.).

---

[103] Entretien du 23/08/2016.

[104] Il s'agit ici des décrets n° 2012/1631 du 11/06/2012 ; n°2012/1871 du 04/07/2012 et n°2012/1872 du 04/07/2012.

d. La perte des activités de ramassage et de cueillette des produits forestiers non ligneux (PFNL)

Elle est l'œuvre de la déforestation engendrée par les eaux, qui ont envahi la forêt située aux abords des cours d'eau et fleuve *Dja* et *Lobo*. Ces inondations ont causé la destruction des cultures pérennes et des arbres fruitiers entraînant la rareté des PFNL, tels que la mangue sauvage, le moabi, le karité, le « *ndjangsang* », pour ne citer que ceux-là. D'après l'écosociologue Samuel-Béni ELLA ELLA (2016 : 69) : « *la cueillette des PFNL sert d'appoint alimentaire périodique, mais aussi au prélèvement des plantes médicinales et des matériaux d'artisanat.* » Pour les populations riveraines de la boucle du Dja, y compris celles de Mekin. La disparition des PFNL a orchestré, peu à peu, le manque d'intérêt des populations pour ces secteurs d'activités. À présent, la production et la commercialisation de ces PFNL sont devenues rares, mieux un luxe pour les populations expropriées. Pourtant, ces PFNL ont toujours fait partie des pôles de rentabilité économique des populations rurales aujourd'hui expropriées. D'après S-B. ELLA ELLA (2016 : 71-72), ces PFNL sont de plus en plus consommés dans les ménages urbains, et leur valeur monétaire ne cesse d'accroître sur le marché urbain camerounais au fil des années :

> Les données récoltées en 2006 par l'organisme SICAC révèlent que les amandes de mangue sauvage (dont l'offre reste encore insuffisante) sont de plus en plus prisées dans les ménages urbains. À tel point que le prix moyen du kg d'amandes de mangue sauvage, au marché du Mfoundi à Yaoundé (Cameroun), est passé de 3500 FCFA en janvier-février 2006 à 4000 FCFA en janvier 2011[...], le kg d'amandes de ndjangsang est passé de 1375 FCFA en janvier-juin 2006 à 2500 FCFA en octobre 2015.

S'il est avéré que les PFNL continuent de prendre de la valeur monétaire sur le marché urbain camerounais, force est de relever que le foyer de production de Mekin et ses environs ne bénéficiera plus assez des gains de leur commercialisation. Les inondations, causées par la construction du barrage de Mekin, ont entraîné la perte d'une partie non négligeable des stocks de PFNL existant dans la localité. La photo 7 ci-dessous présente l'état de déforestation de la rive gauche du fleuve Dja causée par les eaux d'inondation.

Photo 7 : Déforestation de la rive gauche du fleuve Dja causée par les eaux d'inondation

Source : F. MENDOUGA (enquête de terrain, août 2016).

3. Les pertes de cultures

Elles sont l'apanage des indemnisations effectuées dans le cadre de la construction du barrage de Mekin. D'après l'article 1er du décret du 25 février 2003, plusieurs types de cultures font l'objet d'une indemnité allouée par la personne morale bénéficiaire de l'expropriation. Il s'agit notamment des : cultures annuelles (légumineuses, céréales), fruits (banane plantain, banane douce, ananas), tubercules (ignames, macabo, taro, patate, manioc, pomme de terre et cultures similaires), cultures maraîchères, cultures industrielles (cotonnier, tabac, canne à sucre, cacaoyer, caféier, palmier à huile local, palmier à huile amélioré, palmier raphia, cocotier local, cocotier amélioré, hévéa et théier), cultures pérennes (agrumes, manguier, avocatier, papayer, kolatier, safoutier, arbre à pain, corossolier, goyavier, pommier, moabi, karité, manguier sauvage et autres arbres fruitiers) et des plantes médicinales (quinquina, voacanga, pygeum, yohimbe, arbres d'ombrage et autres arbres cultivés). En principe, « *l'indemnité est un droit, une créance objective, une contrepartie à l'acte de dépossession qu'est l'expropriation.* » (J. OWONA, 2012, 90). Chaque personne victime de la destruction des biens en cas d'expropriation a le plein droit de recevoir une « *indemnisation pécuniaire* » objectivement calculée, comme le prévoit l'article 7 de l'ordonnance du 6 juillet 1974. Cependant, les faits observés dans le cadre des indemnisations de Mekin mettent en évidence une réalité autre que celle prônée par ce principe de droit. L'enquête de terrain menée ici permet de découvrir que les populations expropriées dans le cadre de ce projet sont victimes de pertes de cultures, qui fragilisent la production économique dans la localité. Avec un taux d'opinion de 29,2 %, cette catégorie de pertes occupe le premier rang des pertes enregistrées par les populations riveraines de ce barrage. En fonction des circonstances, les pertes de cultures relèvent de trois facteurs, à savoir : la non-indemnisation des cultures, la sous-évaluation des plantations et l'enregistrement des cultures des personnes absentes aux noms d'autres bénéficiaires.

a. La perte de cultures causée par la non-indemnisation de certaines plantations, des plantes médicinales et des cultures pérennes

En plus de certains espaces cultivés, les indemnisations des populations riveraines de Mekin n'ont pas tenu compte des plantes médicinales et des cultures pérennes, comme : le moabi, le karité, le manguier sauvage et d'autres arbres fruitiers situés dans la forêt, dont le droit d'usage des terres est reconnu à certaines familles expropriées. Pourtant, l'article 1er du décret du 25 février 2003 mentionne ces cultures. Cette situation complique davantage le vécu quotidien des populations expropriées, dans la mesure où les cultures détruites, qu'elles soient vivrières, industrielles ou pérennes, servaient aussi bien pour la consommation que pour la commercialisation. Ainsi, si l'agriculture vivrière ici est « *une agriculture de subsistance, dans la mesure où la vente des surplus est limitée par l'enclavement et la précarité des voies de communication* » (S-B. ELLA ELLA, 2016 : 68), l'agriculture de rente (cacao, café, palmier à huile) et la cueillette des PFNL permettent « *une plus grande monétarisation de l'économie* » des populations riveraines du barrage de Mekin (S-B. ELLA ELLA, 2016 : 65). De ce fait, la perte des cultures fragilise l'« *économie rurale* » fondée sur l'agriculture, la chasse commerciale, le ramassage et la cueillette des PFNL.

Par ailleurs, la perte des plantes médicinales rend encore plus difficile l'accès aux soins de santé des populations, qui sont parfois éloignées des centres de santés disponibles. D'après S-B. ELLA ELLA (2016 : 120-121), cette zone d'étude dispose seulement de deux formations sanitaires publiques, qui connaissent les problèmes de sous-équipement matériel, de manque de personnel médical et d'accès difficile aux produits pharmaceutiques courants. La destruction des plantes médicinales dans cette localité vient aggraver le problème d'accès aux soins de santé, qui se posait déjà avec acuité avant les indemnisations. C'est ce que traduisent les propos de Bertin ETUA, cultivateur exproprié du village Biton :

> Ce projet a détruit certaines plantes qu'on utilisait pour se soigner ici au village. Maintenant, se soigner devient difficile ; les plantes médicinales manquent, nous sommes loin des hôpitaux. Quand quelqu'un tombait malade ici, on savait où aller chercher les remèdes. Maintenant, c'est un peu difficile.[106]

Il ressort de ce témoignage qu'étant donné l'état d'enclavement des routes et l'éloignement des centres de santé existants, la perte des plantes médicinales amplifie le problème d'accès aux soins de santé des populations riveraines du barrage de Mekin. De ce fait, il importe que les projets engendrant la destruction des plantes médicinales mettent dorénavant un accent sur l'indemnisation de ce type de cultures, qui peut consister à la construction des centres de santé pour pallier aux problèmes d'accès aux soins de santé.

En référence au juriste J. OWONA (1982 : 289) : « *l'indemnisation pécuniaire n'est pas un prix d'achat, mais une compensation permettant à l'exproprié de retrouver les avantages comparables à ceux expropriés et perdus au bénéfice de l'État.* ». Du contenu latent de ce point de vue, il ressort que l'absence d'indemnisations de certaines plantations détruites dans le cadre de la construction du barrage de Mekin implique inévitablement la perte de celles-ci. Car, l'opportunité n'est pas donnée aux victimes de destruction des cultures de retrouver les avantages comparables à ceux expropriés et perdus au bénéfice de l'État ; surtout lorsque les revendications des

---

[105] Entretien du 29/08/2016.

populations ne sont pas toujours prises au « *sérieux* » par l'autorité administrative compétente (responsables du projet chargé des indemnisations, membres de la CCE, préfet et ministre des domaines). En effet, environ huit ans après le paiement des indemnisations (2012/2020), les victimes de destruction des cultures non indemnisées continuent d'attendre les résultats de leurs requêtes, au point où Siriac KABEYENE NGOMO, agriculteur exproprié et non indemnisé pour la perte de ses cultures au village Mekomo, estime qu'il s'agit d'un « *mensonge organisé par l'État* »[107] pour mieux endormir les esprits, et qu'en réalité, « *il n'y a plus rien à attendre de ces gens* »[108]. La question du traitement des requêtes, soulevée par les personnes interviewées, semble être un dossier classé par les responsables du projet. Car, le manque de précision dans le discours de Clément ESSOUMA AKONO, ex-coordonnateur du projet de construction du barrage de Mekin, qui affirme : qu'« *on attend de réexaminer les requêtes* »[109], permet de confirmer le manque de sérieux de ces responsables et de comprendre que les cas litigieux d'indemnisations en instance sont loin d'être résolus[110]. À cet effet, la question du non-paiement des indemnisations à qui de droit et la longue attente de l'aboutissement des requêtes formulées remettent en cause le principe juridique des garanties des expropriés mécontents. S'agissant précisément de la garantie des

---

[106] Entretien du 24/08/2016.

[107] Entretien du 24/08/2016.

[108] Entretien du 16/05/2017.

[110] Contrairement au projet de Kribi, EDC (maître d'ouvrage du projet de Lom Pangar) a mis en place tout *un mécanisme de gestion des plaintes dans le projet*, à travers un *bureau de règlement des griefs (BRG)*, qui fonctionne bien. *Face à toute situation ou difficulté induite par le barrage, toute personne peut saisir EDC et le BRG*, qui envoient les experts sur le terrain pour mener des investigations. Dans ce mécanisme, EDC est accompagné par une ong, qui sert de caution pour garantir la transparence dans la gestion des litiges (Dr A. Emadak, 2020 : 3).

expropriés mécontents, il convient de relever que, seule la contestation de l'indemnité est prévue par l'ordonnance du 6 juillet 1974. La logique de ce principe a été condensée par J. OWONA (1982 : 290) :

> L'exproprié mécontent du montant fixé par le décret d'indemnisation adresse une réclamation au préfet du département du lieu de l'expropriation qui en saisit la commission d'évaluation. Le président de la commission notifie aux parties intéressées le jour, l'heure et le lieu de la réunion. Les parties sont entendues par la commission. Celle-ci ne peut valablement délibérer que si trois membres au moins, dont le président, sont présents. Un procès-verbal est établi et adressé au ministre chargé des domaines, qui, en cas de rejet de la contestation, notifie aussitôt sa décision au requérant. Le requérant non satisfait de la décision du ministre saisit dans le mois de la notification le tribunal de première instance du lieu de situation de l'immeuble. Celui-ci, conformément aux règles de la procédure de droit commun, confirme, réduit ou augmente le montant de l'indemnité suivant les règles ordinaires d'évaluation.

Si l'ordonnance du 6 juillet 1974 prévoit la contestation de l'indemnisation, nulle part dans les textes réglementaires en matière d'expropriation, le législateur camerounais n'a statué sur la question du non-paiement des indemnisations aux personnes victimes de destruction des biens. Pourtant, c'est une éventualité, qui devient une réalité dans le cadre des indemnisations des populations riveraines du barrage de Mekin. Cette situation peut justifier la lenteur administrative observée au niveau du traitement des requêtes soumises à l'autorité en charge du règlement des litiges d'indemnisation depuis 2012 (préfet ; ministre des domaines, du cadastre et des affaires foncières). En revanche, elle ne dédouane pas l'administration du préjudice causé aux populations expropriées. La thèse des « *hommes de la brousse qui croient que les gens d'en haut les trompent* » (J-M. ELA, 1990 : 163) n'est donc pas un point de vue à balayer totalement du revers de la main ici. Tant, il est avéré que le délai de contestation de l'indemnité d'expropriation « *est fort bref et expéditif* » (J. OWONA, 2012, 94) ; et que la procédure de réparation des dommages causés aux populations victimes de destruction de cultures, qui avait déjà débuté en décembre 2012, est restée jusqu'ici sans suite favorable, livrant ainsi les victimes à un triste sort.

Par ailleurs, les raisons de la perte des cultures causée par l'absence d'indemnisation des plantations détruites dans le cadre du projet de Mekin sont multiples. De l'avis d'une première catégorie d'enquêtés, cette perte résulte de l'absence de certains expropriés au moment de *l'enquête de constat et d'évaluation des biens*. Comme l'affirme d'ailleurs Alphonse Étienne ATYI MVINA, agriculteur exproprié du village Mekin : « *certaines personnes n'étaient pas au village au moment du passage de la commission d'évaluation des biens ; ce projet a provoqué les soulèvements au sein de la population. Nos frères nous ont accusés de ne les avoir pas appelés. On n'a pas évalué les biens des absents* »[111]. Ce point de vue est soutenu par Jean Félix OKOUM ZO'O, riverain exproprié du village Nyabizou :

> J'avais les champs de café, de cacao ici au village, mais tout s'est gâté. Je n'ai rien eu, parce que je n'étais pas au village quand on faisait le recensement. Ma maman était malade. Mon nom n'est pas sur la liste des personnes du village concernées par les indemnisations. Maintenant, je n'ai plus rien, je fais comment pour vivre ? [112]

[110] Entretien du 20/08/2016.
[111] Entretien du 26/08/2016.

L'absence de certains expropriés pendant *l'enquête préalable de constat et d'évaluation des biens* frappés d'expropriation trouve une explication dans le manque d'information des populations expropriées. D'après Joël Aristide ESSAMA ABONDO, agriculteur exproprié du village Bissombo :

> Il y a eu beaucoup de personnes du village qui n'ont pas été avisées de l'arrivée de la commission. Raison pour laquelle, elles n'ont pas été indemnisées [...] L'information de la descente de la commission est tombée un jour avant la descente de la commission et tout le monde n'était pas au village. À cette époque, il n'y avait pas de téléphone, les gens n'ont pas été pris en compte dans les indemnisations, leur situation est comme ça. Ils ont fait les requêtes et ils attendent toujours.[113]

Ce point de vue est réitéré par Sa Majesté ESSO ATYI, chef du village Biton, qui affirme : *« il y a beaucoup de personnes du village qui n'ont pas été avisées de l'arrivée de la commission, raison pour laquelle, elles n'ont pas été indemnisées »*[114]. À l'unanimité, les chefs traditionnels enquêtés affirment, à ce sujet, que l'autorité administrative n'a pas informé à temps les populations expropriées. Si certains affirment avoir reçu les correspondances les informant de la descente des membres de la CCE tardivement, d'autres disent avoir été surpris par leur arrivée au village. C'est ce que traduisent ces propos de Sa Majesté ESSO ATYI :

> Vous au moins, vous avez envoyé les nouvelles que vous arrivez. Ce jour-là, le délégué de l'agriculture est arrivé au village sans aviser. Aux environs de 15 heures, il nous a donné les fiches à remplir au crayon ordinaire [...] en tant que chef, je n'étais pas

---

[112] Entretien du 27/08/2016.
[113] Entretien du 28/08/2016.

membre de la commission. Je n'ai assisté à aucune réunion de la commission. Je n'ai pas été averti en avance de l'arrivée de la commission au village.[115]

Ces propos posent *le problème de l'application de la législation camerounaise en matière d'expropriation* à deux niveaux. Premièrement, l'article 5 du décret du 16 décembre 1987 prévoit que les autorités traditionnelles concernées sont membres de la *commission de constat et d'évaluation* ; que ce soit au niveau départemental, régional ou national. C'est d'ailleurs cette même logique que suit l'article 3(1) du décret du 27 mai 2016, qui régule le fonctionnement de la CCE. Au regard de ces deux dispositions, il est clair que le fait de ne pas suffisamment impliquer les chefs traditionnels dans les travaux de la CCE pose un problème d'application de la législation sur l'expropriation. Deuxièmement, l'article 10 du décret du 16 décembre 1987 édicte qu'en vue de leur participation à toutes les phases de l'enquête, les populations concernées sont informées au moins 30 (trente) jours à l'avance du jour et de l'heure de l'enquête, par convocations adressées aux chefs et notables, et par les moyens indiqués à l'article précédent. Or, dans le cadre des indemnisations des populations riveraines du projet de Mekin, les plaintes des chefs traditionnels affluent par rapport à la question du manque d'informations.

Pour la deuxième catégorie d'enquêtés, la perte des cultures, causée par la non indemnisation des plantations détruites dans le cadre du projet Mekin, s'explique par le fait que les membres de la *sous-commission de constat et d'évaluation des cultures* n'ont pas toujours tenu compte des plantations éloignées et situées dans la zone inondable. Pourtant, dès le premier test de la mise en eau du barrage, ces plantations se sont retrouvées immergées dans les

[114] Entretien du 28/08/2016.

eaux[116]. Ce qui a engendré la destruction, mieux l'assèchement des cultures. À ce sujet, NDONGO ZE, riverain exproprié du village Ekok, affirme : *« les indemnisations n'ont pas tenu compte de nos champs qui sont situés dans la zone inondable. Aujourd'hui, l'inondation détruit nos plantes qui n'ont pas été indemnisées »*[117]. L'absence d'indemnisation des cultures détruites dans la zone inondable ne peut être perçue que comme un manque de volonté de la classe dirigeante. Elle peut aussi vouloir traduire la *« mauvaise évaluation »* des impacts environnementaux et sociaux du projet, dans la mesure où le premier test de mise en eau du barrage a causé des dégâts, tels que : la dégradation du réseau routier des villages situés en amont du barrage.

De l'opinion de la troisième catégorie d'enquêtés, la perte de cultures causée par la non indemnisation des personnes victimes de destruction des cultures se justifie par les *« fautes de service »*[118] observées dans la procédure d'indemnisation. En réalité, certaines personnes interviewées n'ont pas bénéficié des indemnisations de leurs cultures détruites par le projet. Pourtant, elles certifient qu'elles étaient présentes le jour de *l'enquête de constat et d'évaluation des biens*. Et tout comme le reste des personnes expropriées, elles ont déposé leurs fiches

---

[116] Contrairement au projet de Kribi, EDC (maître d'ouvrage du projet de Lom Pangar) a mis en place tout *un mécanisme de gestion des plaintes dans le projet*, à travers un *bureau de règlement des griefs (BRG)*, qui fonctionne bien. *Face à toute situation ou difficulté induite par le barrage, toute personne peut saisir EDC et le BRG*, qui envoient les experts sur le terrain pour mener des investigations. Dans ce mécanisme, EDC est accompagné par une ong, qui sert de caution pour garantir la transparence dans la gestion des litiges (Dr A. Emadak, 2020 : 3).

[116] Entretien du 19/08/2016.

[117] La *faute de service* est une faute commise par un agent public dans l'exercice de ses fonctions, c'est-à-dire pendant le service, avec les moyens du service et en dehors de tout intérêt personnel (m.jurisconsulte.net, consulté le 20/04/2017).

dûment remplies auprès de l'autorité compétente (délégué d'arrondissement du MINADER). C'est ce qui ressort des propos suivants de Gaston MEDOU, riverain non indemnisé du village Biton :

> *Les indemnisations de Mekin ont compliqué ma vie*, parce que j'ai travaillé mes champs pendant des années, j'ai construit la maison avec mes moyens. Aujourd'hui, je n'ai rien bénéficié de tout cela. La *commission d'évaluation* est descendue sur le terrain, j'étais là. Ils ont enregistré mes biens, mais à la fin mon nom n'apparaît pas sur la liste des personnes indemnisées. Après, on m'a demandé de faire la requête. Jusqu'aujourd'hui, rien ! Pas de suite depuis quatre (04) ans. On nous demande de partir d'ici pour un endroit qu'on ne connaît pas encore. Je fais comment pour m'en sortir ?[119]

La perte des cultures causée par la non-indemnisation des riverains ayant rempli et déposé les fiches d'évaluation des cultures auprès de l'autorité compétente (délégué d'arrondissement du MINADER) est une situation réelle dans la plupart des villages parcourus dans le cadre de cette étude. Ferdinand ABE, notable du village Nyabizou, fait l'inventaire de son village en ces termes :

> *Les indemnisations effectuées dans le cadre du projet Mékin ont été mal faites*. À Nyabizou par exemple, 23 personnes du village ont été indemnisées et 9 personnes n'ont pas été indemnisées. Parmi les 9 personnes non indemnisées, trois (03) personnes ont déposé les fiches, mais leurs noms n'apparaissent pas sur la liste des indemnisations. »[120]

De Mekomo à Kam en passant par Ekok, Mekin, Nyabizou, Bissombo, Biton et Awo'an, le discours est presque le même dans le fond : les noms de certaines

---

[118] Entretien du 29/08/2016.
[119] Entretien du 25/08/2016.

personnes, qui ont déposé les fiches au moment de *l'enquête de constat et d'évaluation des cultures*, ne figurent pas sur les listes des indemnisations. Cette situation est d'autant plus préoccupante, dans la mesure où le bilan est non négligeable. Le tableau 9 ci-dessous présente un aperçu des statistiques approximatives des cas déclarés par les autorités traditionnelles de certains villages, qui ont connu ce problème.

Tableau 9 : Estimation du nombre de personnes ayant déposé les fiches d'évaluation des biens (cultures ou construction), mais n'ayant pas été indemnisées au projet de Mekin

Villages	Nombre de fiches déposées	Nombre de personnes indemnisées	Nombre de personnes non-indemnisées
Nyabizou	26	23	3
Kam	44	26	18
Bissombo	20	14	06
Awo'an	06	0	06
Total	**96**	**63**	**33**

Source : F. MENDOUGA (enquête de terrain, août 2016).

Au-delà de l'absence de noms de certains riverains enquêtés dans les décrets portant indemnisation des personnes victimes de destruction de cultures dans le cadre de la construction du barrage de Mekin, la perte de cultures se justifie aussi par les irrégularités observées au niveau de *l'enquête de constat et d'évaluation des biens*. Selon les articles 5 du décret du 16 décembre 1987 et 3(1) du décret du 27 mai 2016, *l'enquête de constat et d'évaluation des biens* est menée dans toutes ses étapes par une CCE, qui peut être formée au niveau du département, de la région ou national, par rapport à la situation de l'immeuble concerné par l'expropriation. Les responsables du MINADER de la circonscription administrative du lieu de situation de l'immeuble concerné par l'expropriation sont chargés du constat et de l'évaluation des cultures. Cependant, il est avéré que *l'enquête de constat et d'évaluation* des cultures effectuée dans le cadre de l'expropriation des populations riveraines du barrage de Mekin n'a pas toujours respecté cette logique. En plus, du fait que cette enquête soit truffée des maux, tels que le *trafic d'influence*[121] et la corruption, les équipes *d'enquête de constat et d'évaluation des biens* n'ont pas toujours été composées par les personnes prévues par le décret d'application de la loi du 4 juillet 1985. Dans certaines localités, elle a été menée par l'élite du village. Ce qui a donné l'occasion à certains de procéder aux règlements de compte, qui consistaient à priver d'autres paysans expropriés du droit d'indemnisation de leurs cultures. C'est ce qu'illustre Sa Majesté André BIWOLE, chef du village Awo'an :

> En tant que chef du village [...], j'ai été informé de la descente de la *commission de constat et d'évaluation* une semaine avant. Mais à ma grande surprise, le jour de la descente, j'ai vu mon fils du village voisin, qui était à l'époque-là délégué à Ebolowa venir avec ses frères du village. C'est mon fils-là qui me posait les questions et son frère pasteur écrivait. On me demandait papa, tu as quoi en brousse ? J'ai cité tout ce que j'avais dans mes champs et il a dit que mon village ne devait pas avoir plus de six fiches. À la fin, le nom du village est seulement sorti pour les maisons. J'ai reçu cinq millions pour les six maisons. C'était au niveau des cultures que j'ai eu des problèmes. Je n'ai rien eu pour mes plantations de cacao, de café et d'hévéa.[122]

---

[120] En droit, le *trafic d'influence* est le fait d'accepter des offres ou des promesses ou bien de recevoir des dons pour, en contrepartie, faire obtenir ou tenter de faire obtenir une faveur ou un avantage quelconque de l'autorité publique (www.toupie.org/dictionnaire, consulté le 25/05/2017).

[121] Entretien du 30/08/2016.

b. La perte de cultures causée par la sous-évaluation des plantations

Elle s'est produite à la suite de l'évaluation des cultures qui se faisait parfois sans constat préalable. De l'opinion des personnes interviewées dans le cadre de la présente recherche, les membres de la *sous-commission de constat et d'évaluation des cultures* remplissaient les fiches d'évaluation sans préalablement descendre sur le terrain pour constater la présence effective des plantations et des cultures, qui s'y trouvaient. À en croire Rémy ZEH, agriculteur exproprié du village Nyabizou, l'évaluation des cultures était faite de manière arbitraire, sans aucune expertise préalable. Ce qui a entraîné la perte de certaines cultures :

> Le délégué est venu s'asseoir au village, il écrivait sur la table sans aller sur le terrain. L'hévéa, le cacao, le palmier, tout n'a pas été pris en compte. Il s'asseyait sur place et il nous demandait de dire ce qu'on avait dans nos champs. Parfois, il prenait ce qu'on disait en compte. Parfois, il n'écrivait pas ce qu'on disait.[123]

C'est dans cette même logique que s'inscrivent les propos de Sa Majesté Samson NKANEMBANG, chef du village Nyabizou : *« Hé Zamba, il a fait les tours là-bas et il est venu. Comme il se sentait incapable de marcher partout, il a rempli ici dehors. Il n'est même pas entré en brousse pour voir les champs. Ce monsieur est un grand monsieur, il a fait comme il voulait. Moi, je n'avais même pas de parole »*[124].

En outre, les bureaux administratifs faisaient également office de lieux de constat et d'évaluation des cultures. Ce qui entraînait inévitablement une sous-évaluation de celles-ci. À ce sujet, Samuel EDOU ANGATTE, riverain exproprié du village Nyabizou, explique :

---

[122] Entretien du 26/08/2016.
[123] Entretien du 26/08/2016.

> À Nyabizou, à bord d'une moto sur la route, le délégué d'agriculture de l'arrondissement de Bengbis m'a interpellé en me disant, monsieur EDOU, retrouvez-moi au bureau. Arrivé là-bas, il m'a demandé de remplir une fiche. Tout ce qu'il m'a dit, c'est que sois serein, le travail des indemnisations va se faire. Et c'est presque comme ça qu'il faisait partout. Il y a eu une grande sous-évaluation de nos biens. Raison pour laquelle, j'ai dit que c'était très insignifiant par rapport à si on évaluait normalement nos biens[125].

Dans le cas de certains villages enclavés, les populations riveraines, victimes de destruction de cultures, étaient obligées de se déplacer pour aller remplir leurs fiches d'évaluation ailleurs. C'est ce que révèle Ferdinand ABE, notable du village Nyabizou : « *le délégué déplaçait les gens à 4-5 km d'ici pour aller remplir les fiches sans aucune expertise* »[126].

Au vu de ce qui précède, il est clair qu'une *évaluation des cultures sans constat préalable* conduit inévitablement à la sous-évaluation de certaines plantations, et par conséquent à la perte des cultures. Étant donné que les populations rurales du Sud-Cameroun pratiquent le plus souvent la polyculture, il est difficile de répertorier de manière instantanée et avec exactitude toutes les cultures d'une plantation ; certaines cultures risquent d'être oubliées. À la lecture du décret du 25 février 2003, il en ressort que les fruits, les tubercules, les cultures industrielles et pérennes, les arbres d'ombrage et les autres arbres cultivés s'évaluent en fonction de leurs âges (plantes jeunes ou adultes). Or, vu la manière dont se déroulait l'évaluation des cultures des populations riveraines du barrage de Mekin, il est peu probable que cette variable soit prise en compte dans l'évaluation de ces cultures. Aussi, il n'est pas certain qu'au village, tous les

[125] Entretien du 26/08/2016.
[126] Entretien du 26/08/2016.

paysans prennent souvent la peine de mesurer les superficies de leurs plantations. Cela dit, il nous semble inadéquat, mieux encore absurde d'évaluer les cultures en se fiant exclusivement aux déclarations des populations expropriées, qui ont la latitude de déformer la réalité concernant leurs plantations. Quand bien même il y a eu constat des cultures à indemniser, il importe de relever que le décompte réel des cultures n'était pas toujours pris en compte par les membres de la CCE. Ce qui a entraîné la sous-évaluation des cultures et la perte de celles-ci, comme le déclare Marie NGO ONN (cultivatrice expropriée du village Ekok) avec hargne :

> Les cultures qu'on a détruites devaient me donner plus que les 500 000 que j'ai eus. Dans mon champ, il y avait tout : les pruniers, les orangers, les manguiers sauvages, le macabo, le manioc, l'arachide, le taro, la banane plantain. Est-ce que je peux citer ? Tout ça sur deux hectares. On n'a pas compté tout ce qu'il y avait dans mon champ. 500 000, 500 000 c'est quoi par rapport à ce que j'ai perdu ? Si je vendais tous ces produits au marché, je devais avoir plus de 500 000 francs. Les indemnisations n'ont servi à rien. Mieux, on nous laissait tranquilles dans notre pauvreté.[127]

Par ailleurs, la non maîtrise des cultures, qui font l'objet d'une indemnisation en cas d'expropriation, est aussi l'une des causes des pertes de cultures observées dans le cadre des indemnisations des populations riveraines du barrage de Mekin. C'est ce que traduit Joël Aristide ESSAMA ABONDO, agriculteur exproprié du village Bissombo :

> Dans la fiche, il y avait toutes nos cultures. Mais, le technicien qui était venu a dit que nous ne devons pas mettre les choses comme le maïs, le manioc, le macabo,

[127] Entretien du 19/08/2016.

> l'arachide, la canne à sucre, même les plantes médicinales n'étaient pas évaluées, même les fruits sauvages, comme la mangue sauvage, le moabi, le karité, le « ngondi », le « mvout » et le « ndjangsang ».[128]

c. La perte de cultures due à l'enregistrement des plantations des personnes absentes aux noms d'autres bénéficiaires

La perte des cultures, observée dans le cadre des indemnisations des populations riveraines du barrage de Mekin, se justifie aussi par l'évaluation de certaines plantations en l'absence de leurs véritables propriétaires. En effet, les plantations de certaines personnes absentes ont été évaluées et enregistrées aux noms d'autres bénéficiaires présents au moment de l'enquête préalable. C'est ce que révèle Marie Thérèse ASSANGONO, riveraine expropriée du village Mekin :

> *Les indemnisations sont à l'origine de la malhonnêteté ici au village. On trouvait déjà un champ qui avait quatre propriétaires.* Les gens, qui étaient présents le jour de la descente de la commission, ont fait enregistrer à leurs noms, les champs de leurs frères qui n'étaient pas là. Ça a créé les problèmes ici au village. Jusqu'aujourd'hui, les gens ne se parlent plus à cause de ça.[129]

4. La perte des terres cultivables

Malgré la vulgarisation de la procédure d'obtention du *titre foncier* engagée ces dernières années par le MINDCAF, la question de l'appropriation foncière par les populations rurales demeure préoccupante au Cameroun. Rares sont les paysans qui possèdent un titre de propriété. L'examen des trois décrets portant indemnisation des populations riveraines du barrage de Mekin révèle

[128] Entretien du 27/08/2016.
[129] Entretien du 22/08/2016.

qu'environ 0,001 % des paysans expropriés, dans le cadre de ce projet, détient un *titre foncier* des terres cultivées et mises en valeur[130]. Si les populations rurales continuent de croire que les terres héritées des ancêtres appartiennent au lignage, le droit foncier moderne ne partage pas du tout ce point de vue. D'après l'article 1er de l'ordonnance du 06 juillet 1974, l'État est le gardien de toutes les terres. Cependant, font droit de propriété privée : les terres immatriculées, les *freehold lands*[131], les terres acquises sous le régime de la transcription, les concessions domaniales définitives et les terres consignées au « *Grundbuch* » (*Cf.* article 2 de l'ordonnance suscité). Au regard de ces dispositions juridiques, « *les droits fonciers coutumiers, même sur les terres cultivées, ne sont plus reconnus en tant que tels, sauf s'ils sont confirmés par la délivrance de « titres de propriété » de droit « moderne ».* » (J-M. ELA, 1982, 97). Cette logique s'est confirmée, une fois de plus, pendant la procédure d'expropriation des populations riveraines du barrage de Mekin. En l'absence de titre foncier, la majorité des personnes expropriées n'a pas bénéficié d'une indemnisation pour les terrains réquisitionnés par le projet de construction du barrage de Mekin. Cette mesure a causé la perte de grands espaces de terres cultivables. Alain Serge MEDOUA, jeune riverain exproprié du village Mekin, témoigne qu'il a perdu « *cinq hectares de*

[130]D'après les décrets disponibles d'expropriation des populations riveraines du barrage de Mekin, sur environ 650 personnes expropriées, une seule personne est détentrice d'un *titre foncier* et les quatre autres ont des terres en cours d'immatriculation.
[131] Un « *free hold land* » est une propriété privée, issue d'un contrat de cession immobilier à durée indéterminée. La rupture du contrat survient en cas de décès du propriétaire ou de rupture d'activité (www.toupie.org/dictionnaire, consulté le 25/05/2017)

terrain »[132] avec l'avènement du projet de construction du barrage de Mekin.

S'il est évident que la raison fondamentale de la perte de terres est l'ignorance des droits fonciers coutumiers par la population expropriée, d'aucuns attribuent la perte de leurs terrains au phénomène d'« *accaparement de terres* », observé avant la procédure d'expropriation. En effet, le site du projet de Mekin a fait l'objet de convoitise des personnes étrangères, qui ont acquis de vastes étendues de terres, soit par achat ou par duperie des paysans. À ce sujet, Simplice MBARGA MBARGA, agriculteur exproprié du village Mekomo, affirme que « *les indemnisations sont une mauvaise chose, parce que les gens, qui étaient au courant avant, ont acheté nos terrains et nos champs. Nous-mêmes les autochtones, n'avons rien eu comme indemnisations* »[133]. Et Joseph AKOMZO'O OVENDO'O, riverain exproprié du village Ekok, ajoute :

> *Les indemnisations sont une mauvaise chose, parce que j'ai tout perdu.* Il y a eu ceux qui accaparaient les terrains des autres qui étaient absents pendant le recensement. Madame NYA'ABE Marie a trompé la vigilance de mes parents en leur disant qu'elle allait s'occuper d'eux. En contrepartie, on lui a donné une parcelle de terrain pour cultiver, et à la fin, cette femme a titré tout notre terrain familial, qui ne lui appartenait pas ; parce que les intéressés étaient déjà morts et les enfants de la famille étaient absents. Cette femme a bénéficié non seulement des frais d'indemnisations de notre terre, mais aussi de nos cultures qui se trouvaient sur le terrain.[134]

En dépit de ce qui précède, il faut reconnaître que l'acquisition d'un titre de propriété demeure une affaire

[132] Entretien du 21/08/2016.
[133] Entretien du 24/08/2016.
[134] Entretien du 19/08/2016.

d'élite en milieu rural. Car, les modalités à remplir pour l'obtention d'un titre foncier sont peu favorables pour la majorité des paysans, qui éprouve déjà de la peine à satisfaire leurs besoins vitaux. Ainsi, pour réduire les risques de perte de terres dans ces circonstances, il est souhaitable, pour les responsables des projets de développement (qui nécessitent les déplacements involontaires), de tenir compte des droits fonciers des peuples autochtones ou « marginaux ».

Contrairement aux populations riveraines du barrage de Mekin, qui ont perdu les terres, à cause des raisons sus-évoquées, les populations riveraines du barrage de Lom Pangar ont bénéficié de nouvelles parcelles de terre. En effet, d'après les critères d'éligibilité adoptés par les différents PIR, est bénéficiaire d'une indemnisation, toute personne affectée par le projet, reconnue comme détentrice d'un droit sur les terres acquises ou occupées par le projet. Ceci s'appliquait aussi bien aux détenteurs d'un droit formel reconnu (titre foncier, permis d'occuper, concession ou autre document officiel), qu'aux personnes reconnues par l'autorité traditionnelle comme détentrices d'un droit coutumier d'occupation et d'usufruit des terres. Dans le cas des compensations des terres non immatriculées, les indemnisations se sont effectuées en nature. Car, ces terres relèvent du *domaine national*[135]. De ce fait, elles ne pouvaient faire l'objet d'aucune indemnisation pécuniaire individuelle. Bien que l'idée de remplacer les terres perdues par des personnes expropriées, dépourvues de titre de

[135] Constituent de plein droit *le domaine national*, les terres qui, à la date d'entrée en vigueur de la présente ordonnance, ne sont pas classées dans le domaine public ou privé de l'État ou des autres personnes morales de droit public. Les *dépendances du domaine national* sont classées en deux catégories : les terrains d'habitations, les terres de cultures, de plantation, de pâture et de parcours, dont l'occupation se traduit par une emprise évidente de l'homme sur la terre et une mise en valeur probante ; les terres libres de toute occupation effective (articles 14 et 15 de l'ordonnance du 06/07/1974 *fixant le régime foncier*).

propriété, soit une initiative louable, il importe de relever que la réduction des superficies des nouvelles terres traduit une perte partielle des terres. La réduction de ces superficies pose les jalons d'un éventuel problème de carence de terres arables dans l'avenir[136]. Martin SEDAKO, agriculteur déplacé du village New Lom Pangar, affirme, à ce sujet que « *la parcelle de terrain qu'on avait là-bas, ce n'est pas la même parcelle qu'on a aujourd'hui. On ne parle pas seulement pour nous. On a les enfants et les petits fils. D'ici dix ans, nous serons où ? Il n'y aura plus de terrain* »[137].

5. La perte des constructions

Elle est singulière aux indemnisations des populations riveraines du barrage de Mekin. Cette catégorie de perte regroupe plusieurs types de pertes, au rang desquels : les logements privés, les structures sociales à usage public et d'autres mises en valeur.

a. La perte des logements privés

Cinq années après le paiement effectif des indemnisations, il est observé très peu de maisons de remplacement construites avec l'argent de ces indemnisations. La majorité des familles expropriées, dont les domiciles ont été indemnisés, continue de vivre dans leurs anciens domiciles, comme le présente la photo 8 ci-dessous.

---

[136] Le rapport récent de Global Forest Watch et SAILD (2020), cité par C. Tadjon (2020 : 2), signale que *les pressions sur les terres se font déjà ressentir*, notamment les *conflits latents entre les différentes communautés* du projet de Lom Pangar.

[137] Entretien du 07/09/2016.

Photo 8 : Maison indemnisée dans laquelle vit encore un ménage exproprié du village Ekok

Source : F. MENDOUGA (enquête de terrain, août 2016).

Ce fait, en apparence, banal traduit en réalité le problème de la perte de logements privés, très peu évoquée par les personnes interviewées dans le cadre de cette recherche. À court terme, les populations peuvent encore bénéficier des anciennes habitations indemnisées. Mais, qu'adviendra-t-il lorsqu'il leur sera demandé de libérer les lieux ? Le problème de la perte de logements, observé dans le cadre de l'expropriation des populations riveraines du barrage de Mekin, découle, d'une part, de la *mauvaise gestion de l'argent des indemnisations*, qui a mieux servi à « *jouer l'ambiance* » qu'à remplacer les maisons vouées à la destruction. D'autre part, la *modicité des frais d'indemnisations*, résultant parfois de la sous-évaluation des constructions, est aussi à l'origine de cette perte de logements privés. C'est ce que révèle Marie Thérèse ASSANGONO, riveraine expropriée du village Mekin :

> Toi-même ma fille, les deux maisons-ci m'ont coûté un million huit cent mille, avec cet argent est-ce que je peux encore construire les maisons de la même dimension, même si c'est en terre battue ? [...] je prévoyais construire une cuisine moderne, mais je n'ai pas pu. Les autres, qui avaient un peu beaucoup ont

organisé leurs mariages avec actes à l'appui, les autres achetaient les motos et les voitures d'occasion pour faire leurs ''clandos'' »[138].

L'incapacité pour les populations de construire les nouvelles maisons de remplacement résulte, par ailleurs, de la rigidité des dispositions légales sur le calcul des valeurs vénales de constructions frappées d'expropriation. En effet, l'indemnisation, qui résulte du principe de la fixation des valeurs vénales à l'état neuf, à la date connue ou présumée de leur réalisation, ne peut pas favoriser la restitution des constructions détruites. Car, au fil des années, les matériaux de construction sont sujets à une inflation sur le marché. Évaluer les constructions sur la base des prix dérisoires et révolus réduit les chances des expropriés de construire les logements de dimension et de standing similaires à ceux détruits.

b. La perte des services sociaux publics

Par *services sociaux publics*, il faut entendre ici toute construction destinée à des fins d'usage public. Il peut s'agir des centres de santé, écoles, cases communautaires ou des églises. Les indemnisations effectuées dans le cadre de la construction du barrage de Mekin ont tenu compte des structures sociales à usage public, au même titre que les logements privés. Cependant, depuis la fin du paiement des indemnisations effectuées en décembre 2012, aucun chantier de construction envisageant le remplacement de ces structures sociales n'a vu le jour. De Mekomo à Kam, en passant par Ekok, Mekin, Nyabizou, Bissombo, Biton et Awo'an, seule la présence des anciens bâtiments, faisant office de cases de santé, d'écoles ou d'églises, sont visibles. La traçabilité de l'argent des indemnisations destinées au remplacement de ces structures demeure inconnue par les populations expropriées, qui ont participé

[138] Entretien du 22/08/2016.

à la construction de ces bâtiments. C'est ce que révèle Joël Aristide ESSAMA ABONDO, riverain du village Bissombo : « *Les parents d'élèves de Bissombo ont construit deux salles de classe et la maison du directeur, on se pose la question de savoir où est parti cet argent ? Pour l'instant, on n'a pas encore relocalisé l'école* ». Par ailleurs, la photo 9 ci-dessous illustre une case de santé, qui a été inventoriée, mais qui n'est pas encore délocalisée et reconstruite ailleurs.

Photo 9 : Case de santé inventoriée, mais non relocalisée, située au village Ekok

Source : F. MENDOUGA (enquête de terrain, août 2016).

c. La perte d'autres mises en valeur

D'après l'article 7(1) de la loi du 04 juillet 1985, l'indemnité porte sur le dommage matériel direct immédiat et certain causé par l'éviction. Elle couvre : les terrains nus ; les cultures ; les constructions ; et toutes autres mises en valeur, quelle qu'en soit la nature, dûment constatée par la CCE. Toutefois, les indemnisations des populations riveraines du barrage de Mekin révèlent une réalité autre que celle énoncée par ces dispositions légales. Après consultation des différents décrets portant indemnisations des victimes de destruction des biens, il ressort qu'aucune autre mise en valeur n'a fait l'objet d'une indemnisation dans le cadre de ce projet. Ce qui a inévitablement entraîné la perte des biens, tels que : les étangs piscicoles, les tombes, les forages et points d'eau aménagés. La photo 10 ci-dessous présente un forage non relocalisé dans le village Awo'an.

Photo 10 : Forage non reconstruit au village Awo'an

Source : F. MENDOUGA (enquête de terrain, août 2016).

Au vu de ces révélations troublantes, il est clair que les indemnisations des populations riveraines du barrage de Mekin posent non seulement le *problème de la non-application des dispositions légales en matière d'expropriation*, mais aussi celui du *vide juridique observé au niveau de la définition de l'expression « autres mises en valeur »*. En effet, nulle part dans les différents textes réglementaires en matière d'expropriation, le législateur camerounais a clarifié la typologie des différentes autres mises en valeur, qui peuvent faire l'objet d'indemnisation, ainsi que les modalités de calcul de celles-ci. Il donne un *pouvoir absolu aux membres de la CCE* de décider de ce qui peut être considéré comme autres mises en valeur et d'attribuer des valeurs qui leur semblent « *justes* », sans qu'aucune base de calcul préalable soit proposée. Cet état de choses laisse libre cours aux injustices, à l'anarchie et à l'arbitraire observés pendant la procédure d'indemnisation, qui produisent la perte totale des biens des personnes expropriées.

6. La mutation de l'activité paysanne et l'augmentation du taux d'oisiveté

Après les indemnisations des populations expropriées de Lom Pangar et de Mekin, le phénomène de la mutation des activités paysannes est observable. Que ce soit dans l'un ou l'autre site d'étude, il est remarqué un changement d'activités des populations indemnisées, qui se traduit par la baisse du taux de la pratique des activités mixtes au profit de l'augmentation de la pratique de l'agriculture. Si les indemnisations, effectuées dans le cadre de ces deux projets, ont pour dénominateur commun la montée de la pratique de l'agriculture, force est de constater que les raisons justifiant cette mutation varient d'un site à l'autre. S'agissant du cas de Lom Pangar, la baisse de la pratique des activités mixtes au profit de la montée de la pratique de l'agriculture s'explique par la stratégie d'indemnisation mise en œuvre dans le cadre de ce projet. En effet, cette stratégie a consisté à procurer aux populations expropriées des parcelles de terres cultivables, du matériel agricole, des intrants agricoles, des semences améliorées et des formations sur les techniques d'agriculture et d'élevage ; ce qui motive les populations expropriées à s'investir plus dans le secteur agricole. Pour ce qui est du site de Mekin, les changements observés au niveau de la baisse de la pratique des activités mixtes au profit de l'augmentation de la pratique exclusive de l'agriculture, se justifient par la baisse de la pratique des activités de chasse, de pêche, de cueillette et de ramassage, qui a contraint les populations expropriées à se concentrer sur la pratique de leur activité principale, à savoir : l'agriculture. Tout comme la mutation des activités, l'augmentation du taux d'oisiveté est un effet pervers des indemnisations, qui a une influence sur la production économique des personnes expropriées.

Bien plus, les indemnisations, effectuées dans le cadre du projet de Mekin, ont favorisé l'augmentation du taux d'oisiveté des populations expropriées. De l'avis de certains enquêtés, cette hausse du taux de *« gens sans activités »* se justifie par la destruction de certaines plantations sans aucune indemnisation ; une situation qui a entraîné le découragement, et par ricochet l'abandon des activités. Comme l'illustrent ces propos de Siriac KABEYENE NGOMO, agriculteur exproprié du village Mekomo : « *la destruction de mes cultures sans une indemnisation en retour m'a rendu la vie invivable. J'ai même décidé d'abandonner tous mes champs, je suis démoralisé* »[139]. Pour d'autres, l'augmentation du taux d'oisiveté résulte de l'abandon des activités par les personnes indemnisées, qui avaient l'illusion d'avoir reçu beaucoup d'argent. Jean Pierre ABESSOLO EFFANGONO, agriculteur exproprié du village Bissombo, dira à cet effet que :

> *Quand j'ai reçu cet argent-là, je ne savais pas que je pouvais toucher les millions. On ne savait pas que ça devait finir* […] cet argent nous a fatigués de continuer le travail dans les plantations. Les gens ont même abandonné les champs. C'est maintenant que les gens recommencent à faire les champs. *Cet argent-là nous a menti.*[140]

Par ailleurs, dans le cas des villages Nyabizou et Awo'an, où les populations sont appelées à se déplacer, les paysans déclarent avoir suspendu leurs activités en attendant le *nouveau site de recasement,* qu'ils ne connaissent pas jusqu'aujourd'hui. C'est ce qu'illustre cet extrait de la correspondance des chefs des villages

[139] Entretien du 24/08/2016.
[140] Entretien du 27/08/2016.

Nyabizou et Awo'an, adressée au sous-préfet de l'Arrondissement de Bengbis, le 8 septembre 2015 :

> Suite à la lettre du Directeur Général d'Hydro-Mekin en date du 7 janvier 2014 adressée à monsieur le préfet du département du Dja et Lobo, lettre relative à la relocalisation des villages Awoan, Nyabizou, en vue de recueillir les doléances des victimes concernées. Nous avons l'honneur de soumettre à votre attention les problèmes ci-après : - Dès l'annonce de notre recasement, nos populations ont cessé de cultiver les vivres, en conséquence pas grand-chose à manger ; - le nouveau site nous est inconnu, et le déménagement est prévu pour quand ?[141]

Si certains se fondent sur l'attente d'un déplacement imminent pour justifier leur oisiveté, il importe de noter que bon nombre de motivations sus-évoquées témoignent non seulement de la mauvaise foi des expropriés, mais aussi de l'incompréhension et de l'ignorance de la notion d'indemnisation. Certaines personnes indemnisées, dans le cadre de la construction du barrage de Mekin, ne savent pas à quoi sert l'argent des indemnisations, et à quoi s'y attendre après cette procédure, comme l'affirme de manière ironique Sa Majesté ESSO ATYI, chef du village Biton :

> Je ne comprends pas le mot indemnisation, comment ça se passe ? Je ne sais pas ce que ça veut dire. Quand j'ai les champs de cacao et de café, on me donne deux millions de francs, qu'est-ce que ça veut dire ? On a vu seulement le délégué de l'agriculture de l'arrondissement de Bengbis venir ici avec les fiches et on remplissait au crayon ordinaire. Nous n'avons pas eu la sensibilisation. [...] ici à Biton, on ne connaissait rien à propos des indemnisations. Nous

[141] Voir correspondance en annexe 3.

> sommes primitifs ici au village. On ne savait pas quoi on devait nous payer.[142]

Ces propos posent le problème de l'information et de la sensibilisation des bénéficiaires des indemnisations dans le cadre de la construction du barrage de Mekin. En effet, les populations expropriées de Mekin n'ont pas été encadrées par les ONGs avant, pendant et après la procédure d'expropriation. Les informations diffusées sur la question des indemnisations n'étaient pas toujours destinées à la population concernée par cette procédure. C'est ce que révèlent les propos de Clément ESSOUMA AKONO, ex-coordonnateur du projet de construction du barrage de Mekin :

> La sensibilisation des populations sur la question des indemnisations a eu lieu dans les locaux de la mairie de Bengbis, et nous avons constaté que les lycéens étaient les plus nombreux à assister aux conférences. Les gens ne croyaient pas au projet [...], c'est quand l'argent est sorti que les gens ont commencé à se mobiliser.[143]

À la lecture de ces propos, il est clair que les responsables du projet de Mekin n'ont pas adopté une *stratégie de sensibilisation capable d'atteindre toutes les couches de la population expropriée*. En réalité, la mairie de Bengbis ne peut être considérée comme un lieu adéquat de sensibilisation des populations expropriées qui doivent se déplacer à leurs frais pour assister aux conférences. Le facteur argent, lié aux dépenses de transport, à l'hébergement ou à la nutrition pendant leur séjour, élimine d'office la présence de beaucoup d'expropriés. De ce fait, il était préférable pour les responsables du projet Mekin de recruter les ONGs, qui pouvaient mieux mener les opérations de sensibilisation des populations

---

[142]Entretien du 28/08/2016.
[143] Entretien du 17/05/2017.

expropriées. Étant donné le taux d'analphabétisme et de sous-scolarisation élevé ici, avec environ 60 % à la boucle ouest du Dja et 70 % à la zone tampon nord du Dja (S-B. ELLA ELLA, 2016 : 94), les ONGs doivent jouer le rôle d'éducateur des populations victimes de destruction des biens en milieu rural dès le début de la procédure d'expropriation. Car, plus de la moitié de celles-ci ne savent ni lire ni écrire le français ou l'anglais, ce qui les empêche de prendre connaissance des lois et règlements relatifs à l'expropriation. Il est donc souhaitable qu'à l'avenir, les projets financés par le BIP mettent un accent sur la sensibilisation et l'accompagnement des populations expropriées. Et pour le faire, des ONGs doivent être recrutées pour assurer les descentes dans les différents sites concernés par l'expropriation avant, pendant et après les indemnisations, dans le but de mieux sensibiliser et accompagner toutes les personnes concernées par cette procédure.

7. L'insécurité alimentaire

L'insécurité alimentaire peut être perçue comme un ensemble de conditions marquées par une incapacité à combler les besoins minimum de consommation d'aliments en termes de qualité et de quantité. Ainsi définie, l'insécurité alimentaire, au même titre que la sous-alimentation, est une conséquence négative des indemnisations des populations riveraines du barrage de Mekin. Elle a pour principaux déterminants l'accès réduit à la terre, l'augmentation du taux d'oisiveté, la perte des AGR (chasse, ramassage, cueillette), l'augmentation des prix des produits alimentaires locaux et la perte des cultures vivrières par les eaux d'inondations, qui détruisent les sols en augmentant leur teneur en eau. D'entrée de jeu, l'accès réduit à la terre est causé par la perte de vastes étendues de terres arables, du fait de la construction du barrage de Mekin et de l'installation de l'entreprise agricole, dénommée « HÉVÉA-SUD ». L'augmentation du taux d'oisiveté des populations expropriées au lendemain du paiement des indemnisations a systématiquement entraîné la chute de la production agricole et l'installation de la famine. Comme l'affirme Sa Majesté ESSO ATYI, chef du village Biton : « *Les gens ont même abandonné les plantations en pensant qu'ils devaient partir. En ce qui concerne les plantations de cultures de rente, ça a causé la pauvreté. Il y a aussi eu une baisse des produits alimentaires et la famine s'est installée ici au village* ».[144]

Considérer exclusivement l'accès réduit à la terre et l'augmentation du taux d'oisiveté des populations expropriées comme uniques sources d'insécurité alimentaire revient à présenter les causes de ce phénomène de manière parcellaire. De fait, la réduction de la production des aliments locaux (gibiers, mangue sauvage, karité, manioc, plantain…), qui est causée par la perte des AGR (chasse, ramassage et cueillette), a entraîné la baisse du *pouvoir d'achat* [145]des personnes expropriées, d'une part ; et l'augmentation des prix de ces aliments sur le marché local, d'autre part : « *Depuis que les indemnisations sont passées, la vie est devenue de plus en plus chère. Le poisson, qu'on vendait à 1000 francs, coûte déjà 2500 francs, même chose au niveau de la viande ; le porc-épic, qui coûtait avant 1500 francs à 2000 francs, coûte actuellement 5000 francs* », illustre Alain Serge MEDOUA, jeune exproprié du village Mekin[146]. Au regard de la précarité des conditions de vie dans lesquelles

---

[144] Entretien du 29/08/2016.

[145] Le *pouvoir d'achat* est une notion économique, qui veut mesurer la quantité des biens et des services qu'un revenu donné permet d'acquérir. Pour un ménage, c'est la capacité d'achat que lui permet l'intégralité de ses revenus (www.toupie.org/dictionnaire, consulté le 25/05/2017).

[146] Entretien du 21/08/2016.

vivent les personnes expropriées, il est clair que la baisse de leur pouvoir d'achat, associée à l'augmentation des prix de certaines denrées alimentaires conduisent inévitablement à l'installation des carences alimentaires, à la sous-alimentation et à l'insécurité alimentaire, qui compromettent d'emblée leur état de santé.

De ce qui précède, il est clair que l'effectivité de la « *justice distributive* » dans tout projet de développement, que prône l'économiste américain J. E. STIGLITZ (1999), cité par Ravi KAMBUR (2003 : 29-38)[147] demeure un mythe pour les populations riveraines du barrage de Mekin. Cependant, au-delà des pertes économiques enregistrées par les populations expropriées, le projet, mieux encore le budget d'investissement public (BIP) consacré aux indemnisations, a également fait l'objet de détournements entraînant la perte des capitaux publics.

A2. La perte des capitaux publics alloués aux indemnisations des populations riveraines expropriées

Elle résulte de la surévaluation des biens de certaines personnes expropriées et de l'existence des noms fictifs dans les décrets portant indemnisations. Néanmoins, il faut noter que les deux faits sociaux sus-mentionnés sont le commun des indemnisations effectuées dans le cadre du projet de Mekin.

---

[147] J. E. Stiglitz (1999) estime qu'il y a *justice distributive* dans le cadre d'un projet de développement, si et seulement si les paiements des compensations sont effectivement faits aux personnes subissant des préjudices.

1. La surévaluation des biens frappés d'expropriation et la perte des capitaux publics alloués aux indemnisations des populations riveraines expropriées

D'après l'article 10(1, 2) de la loi du 4 juillet 1985, les modalités de détermination de la valeur des cultures détruites sont fixées par décret, la valeur des constructions et autres mises en valeur sont déterminées par la CCE. D'après les textes réglementaires en vigueur au Cameroun, le calcul de la valeur des biens frappés d'expropriation s'effectue en principe sur la base du décret du 25/02/2003 et de l'arrêté du 20/11/1987. Malgré l'existence de ces textes réglementaires, l'évaluation des biens des populations expropriées de Mekin n'a pas été effectuée en conformité avec les principes de droit établis. Le favoritisme, l'abus d'autorité, l'intimidation des populations expropriées et la corruption manifestée par la donation des présents, en nature (mouton, chèvre, volaille, plantain) ou en espèces, aux membres de la CCE présents sur le terrain ont donné lieu au surenchérissement des biens à indemniser. Ce qui a entraîné inéluctablement l'augmentation du coût global des indemnisations et le siphonnage du BIP consacré au projet. Parlant de la pratique de corruption observée pendant la phase de constat et d'évaluation des biens, un riverain exproprié du village Nyabizou, révèle qu'« *il y avait même les gens qui donnaient des moutons pour qu'ils arrangent leurs fiches* »[148]. Et un autre exproprié du village Mekin ajoute : « *Ceux qui n'avaient même pas de champs ont eu beaucoup d'argent, parce que tu donnes un 50 000 et ça passe. On dit que le serpent ne trouve jamais quelqu'un avec le bâton en main et ce jour-là certains avaient le bâton* »[149]. S'agissant de la pratique du favoritisme, il

[148] Entretien du 26/08/2016.
[149] Entretien du 20/08/2016.

importe de relever que l'évaluation des biens à exproprier, dans certains cas, s'est tenue pendant des conseils de famille, où il était décidé des sommes d'argent à attribuer aux différents membres de la famille. C'est ce que révèle le révérend pasteur de l'église presbytérienne du Cameroun et exproprié du village Kam :

> Quand le délégué d'arrondissement de Bengbis est arrivé ici au village, il a trouvé notre frère qui est délégué du MINDCAF à Ebolowa sur place. Et, comme c'était son supérieur, il lui a remis les fiches pour qu'il fasse le travail dans son village. C'est comme ça, qu'il a tenu un conseil de famille dans la soirée pour qu'on décide de ce que chacun devait avoir comme indemnisation.[150]

Les personnes expropriées ne sont pas les seules à corrompre les responsables chargés du constat et de l'évaluation des biens. Certains responsables administratifs et élites extérieures ont eu à soudoyer les chefs traditionnels. En échange des pots-de-vin, certains chefs traditionnels ont signé des *fiches vierges d'évaluation des biens*, qui ont permis d'augmenter le nombre de personnes expropriées : d'où l'existence d'une pléthore des « *noms fictifs* » dans les décrets portant indemnisations des populations victimes de destruction de biens dans le cadre de la construction de ce barrage.

2. De l'existence des « noms fictifs » au pillage du BIP consacré aux indemnisations

La question des « *noms fictifs* » dans les décrets portant indemnisations des victimes de destruction des biens s'est posée avec acuité dans le cadre des indemnisations des populations riveraines du barrage de Mekin. Selon Marie Thérèse ASSANGONO, agricultrice indemnisée du village Mekin, plusieurs personnes étrangères ont

---

[150] Entretien du 30/08/2016.

bénéficié des indemnisations destinées à la population riveraine du barrage de Mekin. D'après elle :

> Quand on nous donnait l'argent, on a vu les gens qui n'étaient pas du village qui ont eu de l'argent comme nous les vieilles mamans qui travaillaient ici au village. Ils ont travaillé quand ? Leurs champs sont où ? Si on peut reprendre ces indemnisations pour que chacun se place devant son champ.[151]

C'est dans la même optique de dénonciation que NDONGO ZE, paysan exproprié du village Ekok, déclare :

> Moi-même, je suis vraiment déçu par rapport à ce qui s'est passé. Le document que je vais vous sortir tout à l'heure va vous permettre de comprendre beaucoup de choses qui se sont passées ici. On va aller pas à pas, nom par nom et je vais vous dire [en pointant du doigt certains noms] ce nom n'est pas de ce village, ce nom n'est pas de ce village …il sort d'où ?[152]

À la suite de ses prédécesseurs, Joël Aristide ESSAMA ABONDO, riverain exproprié du village Bissombo, ajoute :

> Il y a eu au moins cinq noms des inconnus que j'ai reconnus dans la liste. Mon grand-père, mon oncle ou mon cousin, personne ne s'est jamais marié à une « Bamiléké », à un « Badjoué » ou à un « Bulu », dont je ne connais pas le nom. Je me demande, ces noms se sont retrouvés dans la liste de mon village par quel critère ?[153]

S'il est difficile pour certains enquêtés de déceler l'origine des « *noms fictifs* » existants dans les listes des personnes à indemniser, d'autres sont plus habiles à livrer

---

[151] Entretien du 21/08/2016.
[152] Entretien du 19/08/2016.
[153]Entretien du 27/08/2016.

les secrets de cette « *mafia* » organisée autour de la procédure d'indemnisation des populations riveraines du barrage de Mekin. En effet, l'existence des « *noms fictifs* » dans les décrets portant indemnisations des personnes victimes de destruction de biens est le résultat de multiples stratégies de détournement de deniers publics, développées surtout par une certaine élite dirigeante et les membres de la CCE (délégués d'arrondissement du MINADER et du MINDUH). De ce fait, les autorités administratives chargées des indemnisations ont développé une stratégie de détournement de deniers publics, basée sur le marchandage des fiches, avec pour corolaire « *la signature des fiches vierges* » et le remplissage « *des fiches d'évaluation des biens au crayon ordinaire* »[154]. En fustigeant l'action des membres de la CCE et en cherchant à justifier la présence des « *noms fictifs* » sur les listes des bénéficiaires des indemnisations, NDONGO ZE affirme :

> Ils sont entrés dans un commerce, dont je ne sais comment appeler. Il fallait aller voir celui qui a les millions à Sangmélima. On lui dit voilà la fiche. Je mets ton nom et tu dois toucher les millions. Si tu as cinq millions, tu me donnes trois millions et tu restes avec deux millions. Et c'est comme ça que ces noms se retrouvent sur les listes. Et ce qui était surprenant, c'est que les gens, qui devaient être indemnisés, ne sont pas indemnisés. Ceux qui n'étaient même pas concernés prennent de l'argent plus que nous.[155]

Les indemnisations, avec pour objectif principal la compensation des biens détruits du fait de l'expropriation, sont devenues dans le cadre de la construction du barrage de Mekin, une opportunité donnée à certaines personnes (personnes expropriées, responsables chargés des

---

154 Entretien du 26/08/2016.
155 Entretien du 19/08/2016.

indemnisations, élites de la localité) de démontrer leurs talents mafieux. L'installation des « réseaux », entretenus par la corruption, le favoritisme, l'abus de pouvoir et l'intimidation des populations expropriées, a porté atteinte au déroulement de la procédure normale d'*enquête préalable*. Elle a eu pour conséquences directes : la rallonge des listes des personnes expropriées, l'augmentation du montant global de l'indemnisation et l'attribution des sommes d'argent faramineuses aux personnes étrangères au détriment des personnes effectivement expropriées. La procédure d'indemnisation, telle qu'effectuée dans le cadre de ce projet, a permis la spoliation du BIP de l'État camerounais. Le détournement de deniers publics, observé pendant cette procédure, revêt un visage ambivalent, dans la mesure où personnes expropriées et responsables administratifs sont tous passibles de poursuites judiciaires, comme l'affirme un riverain exproprié du village Ekok : « *si on décide d'arrêter les gens de la commission, on va aussi arrêter tous les chefs de village qui étaient obligés de signer les fiches vierges* »[156].

Au demeurant, la majorité des pertes économiques présentées dans cette articulation relèvent des indemnisations effectuées dans le cadre du projet de Mekin. Ce qui sous-tend que les responsables du projet de Lom Pangar ont su minimiser les risques de pertes économiques qui pouvaient survenir lors d'une procédure d'expropriation. Cependant, qu'en est-il des pertes psycho-socio-anthropologiques ?

---

[156] Entretien du 19/08/2016.

B. Les incidences psycho-socio-anthropologiques des indemnisations des populations riveraines des barrages de Lom Pangar et de Mekin

Elles se subdivisent en deux grands types, à savoir : les pertes socio-anthropologiques enregistrées par les populations expropriées (sous-section B1) et celles psycho-sociologiques (sous-section B2).

B1. Les pertes socio-anthropologiques liées aux indemnisations des populations riveraines de Lom Pangar et de Mekin

Elles sont observables aussi bien dans la procédure d'indemnisation effectuée à Lom Pangar, que dans celle effectuée à Mekin. Elles prennent les formes respectives allant de la perte des lieux et sites sacrés (1) à la montée des litiges fonciers dans les communautés expropriées et recasées (6), en passant par la perte de l'identité culturelle (2), la dégradation des rapports sociaux et la dépravation des mœurs (3), la résurgence des phénomènes déviants (4), l'augmentation de la morbidité et de la mortalité des populations expropriées (5).

1. La perte des lieux et sites sacrés

Contrairement à certains chercheurs qui perçoivent le sacré comme un monde marginal et sorti du temps, abstrait et éthique, subjectif et psychologique, irréel, irrationnel et aliénant tout ce qu'il y a d'humain, R. BOYER (2015) estime que « *l'homme est toujours, qu'il le connaisse, l'ignore ou le rejette, en relation avec un mystère sacré qui est la toile de fond de son existence* ». Au-delà de ces prises de position qui dévoilent le caractère ambigu du sacré qu'E. DURKHEIM (1968 : 392 ; 316) relevait déjà par les expressions « *sacré faste* » et « *sacré néfaste* », certaines communautés entretiennent des rapports avec des

« *forces religieuses* », par le biais de l'église, des objets sacrés et des « sites dits sacrés », qui ne sont autres que : les cours d'eau, les rochers ou certains lieux situés dans la forêt. Héritiers d'une tradition ancestrale millénaire, les peuples d'Afrique noire en général, et ceux des villages riverains des barrages de Mekin et de Lom Pangar, en particulier, pratiquent des rituels dans des « sites sacrés », qui permettent, selon eux, d'assurer leur *bien-être spirituel*. Car, l'homme a toujours considéré qu'il a, avec les forces religieuses, des rapports positifs et bilatéraux qu'un ensemble de pratiques rituelles a pour fonction de régler et d'organiser. C'est ce que révèle Sa Majesté ESSO ATYI, chef du village Biton :

> Il y a une rivière au bout du village, qui est pour nous un lieu sacré. À côté se trouve une pierre sacrée, qui porte l'empreinte d'une plante de pieds de quelqu'un qu'on ne connaît pas. Nos parents sont nés, ils ont trouvé ça là, cette rivière est tout pour nous. Elle nous permet de résoudre tout genre de problèmes dans ce village. Par exemple, si un enfant a un problème dans son lieu de travail, il lui suffit d'aller se laver très tôt dans cette rivière et de rentrer au village sans regarder derrière, et son problème sera résolu[157].

Au regard de cette déclaration, il est clair que les gestes, qui sont effectués dans les rapports de l'homme avec les choses sacrées, visent purement les fins matérielles. Bien qu'il soit avéré que les sites sacrés représentent une richesse spirituelle pour les paysans, ils ne font l'objet d'aucune indemnisation prévue par la législation camerounaise en matière d'expropriation. Pourtant, l'expropriation des populations et surtout la construction des barrages de Lom Pangar et de Mekin sont à l'origine de la *désacralisation* des sites sacrés et de *la déstructuration* des rapports que l'homme entretient avec

[157] Entretien du 29/08/2016.

ces lieux. C'est ce qu'illustre Célestin BABA, riverain exproprié du village New Lom Pangar :

> Nous avons perdu notre lac sacré et partout où on faisait la coutume. Ici, on ne peut pas rester bien, parce qu'on a tout laissé derrière. Depuis que nous sommes ici, on ne fait plus les rites et la coutume, parce qu'il n'y a pas de site ici. Quand on part dans la forêt, on bricole seulement.[158]

L'idée d'une éventuelle déportation des sites et lieux sacrés, pour espérer préserver cet héritage culturel, ne saurait empêcher le processus de *sécularisation* de ceux-ci. Car, comme l'explique Sa Majesté Dodo FAROUKOU, chef du village New Lom Pangar : *« l'indemnisation des sites sacrés n'a pas encore été payée, on a perdu nos sites sacrés et nos forêts sacrées. On compte déporter le site, parce qu'on ne peut pas faire autrement. Mais, le fait de déporter ces sites va diminuer leurs puissances. »*[159] En clair, la *désacralisation* des lieux et sites sacrés par l'implantation des projets de développement cause inéluctablement la perte de l'héritage culturel des populations expropriées. Elle contribue à *liquider les stocks religieux et les résidus de sacralité,* qui existent dans les campagnes ; ce qui modifie le cours de l'histoire des paysans, qui suit désormais *un mouvement irréversible de désacralisation.* De l'avis de certains initiés interviewés, la perte ou l'abandon des sites sacrés sans rituels préalables de séparation serait à l'origine de la colère des ancêtres, qui peut causer la malédiction sur le village, et dans les cas extrêmes la mort de certains paysans.

La perte des tombes, quant à elle, a créé chez certains un *traumatisme psychologique.* Au-delà du

---

[158] Entretien du 08/09/2016.
[159] Entretien du 06/09/2016.

dommage moral, la perte des tombes cause une rupture des relations entretenues entre les vivants et les morts, dès lors que pour certains « *les morts ne sont pas morts* », l'existence des tombes indique toujours leur présence dans le monde des vivants, comme l'affirme Sa Majesté ESSO ATYI, chef du village Biton :

> *Les tombes n'ont pas été prises en compte dans les indemnisations*. Mon père, ma mère et mes deux sœurs sont couchés ici dans la grande maison. Quand je pense que je vais partir d'ici et les laisser, ça me fait mal. Quand je me lève le matin et je vois leurs tombes, je sais qu'ils sont là et qu'ils veillent sur moi. Quand j'ai parfois les problèmes, je parle avec eux.[160]

Étant donné que certains Africains sont attachés à leurs valeurs spirituelles, leurs sites sacrés, leurs us et coutumes et leurs rites, il importe que le législateur camerounais intègre dans la législation camerounaise en matière d'expropriation, les *indemnisations des sites sacrés* (qui permettront aux populations expropriées d'effectuer des rites capables d'apaiser la colère des ancêtres, et si possible d'assainir la vie spirituelle après le déplacement)[161] *et des tombes* (dans l'optique d'organiser l'inhumation des restes humains en vue de leur préservation). Jusqu'ici, la législation camerounaise en matière d'expropriation n'a pas statué sur la *destruction des biens spirituels*. Pourtant, les projets nécessitant l'expropriation pour cause d'utilité publique ne cessent de causer des dommages spirituels considérables au sein des communautés déplacées. En effet, *l'expertise des*

---

[160] Entretien du 29/08/2016.

[161] Au démarrage du projet de Lom Pangar, EDC a recruté un *consultant* pour s'occuper de toutes les questions liées à la culture et à l'archéologie, notamment aux *objets culturels physiques et aux aspects immatériels des sites sacrés* prévus dans les décrets d'indemnisation. Actuellement, ce consultant travaille sur *la restitution des vestiges archéologiques* à la Délégation régionale du MINAC de Bertoua (Dr A. Emadak, 2020, 3).

anthropologues est souhaitable pour les projets à venir. Car, elle permettra de constater les pertes des sites et autres lieux sacrés, de mesurer leurs impacts et de mieux les évaluer.

2. La perte de l'identité culturelle

Par le processus de socialisation, l'individu acquiert un ensemble de manières de penser, de sentir et d'agir, qui lui permet de s'intégrer et de s'identifier à un groupe social précis. Pour S-B. ELLA ELLA (2014 : 41), la culture est l'ensemble des valeurs et normes sociales, acquis et créé par une société au cours de l'histoire. La culture est donc une valeur intrinsèque qui permet de définir l'homme en société. C'est un instrument de cohésion sociale, qui permet aux membres d'une même communauté d'exprimer leur vision du monde, et à l'homme de s'identifier à un groupe social précis. Perdre son identité culturelle revient à se déshumaniser ; c'est détruire toutes valeurs susceptibles d'indiquer son origine et son originalité ; c'est se désolidariser des habitudes, us et coutumes acquis tout au long du processus de socialisation. Les indemnisations, et plus encore la réinstallation des populations expropriées de Lom Pangar, ont favorisé la perte de l'identité culturelle. Les habitudes, us et coutumes des populations expropriées se sont peu à peu transformés, à cause de *l'argent des indemnisations*, comme le fait remarquer KOULAGNA, agriculteur exproprié du village New Lom Pangar :

> Même l'amour de la famille n'existe plus. Avant on mangeait en groupe ; maintenant, il n'y a plus possibilité. Je ne sais pas ce qui arrive. On vit déjà comme en ville. Chacun reste chez lui. Avant, je pouvais entrer dans n'importe quelle maison du

> village pour manger. Maintenant, ce n'est plus la même chose.[162]

Au regard de cette affirmation, il est clair que l'union et l'entraide, qui régnaient avant les indemnisations, ont cédé place à *l'individualisme* et à *l'égoïsme* au sein des communautés expropriées de Lom Pangar. Les individualités ont pris le dessus sur la collectivité, et la « *solidarité mécanique* » a été battue en brèche pour laisser libre cours à la « *solidarité organique* » (E. DURKHEIM, 1930 : 35). D'après P. Julio MASSOUSSI, responsable chargé des indemnisations du projet Lom Pangar, « *le changement du biotope* »[163] des populations déplacées a entrainé la perte de leurs habitudes de vie et de leur identité culturelle.

3. La dégradation des rapports sociaux et la dépravation des mœurs

La dégradation des rapports sociaux se traduit par la fragmentation du tissu social et la fragilisation du système de parenté des communautés expropriées. Tout comme M. CERNEA (1998 : 15), qui parle de « *désagrégation de la communauté* », R. F. NTSA TASSI (2015 : 99) fait mention de « *la flagellation du système de parenté* » pour signifier la rupture des liens de solidarité occasionnée par les déplacements involontaires des populations. La fragmentation des liens de parenté et la dégradation des rapports sociaux sont à proprement parler des conséquences quasi existantes dans tout projet nécessitant l'expropriation des populations. M. CERNEA (1998 : 20) l'avait déjà relevé :

> Les déplacements forcés détruisent le tissu social et les formes existantes d'organisation sociale. Ils

[162] Entretien du 07/09/2016.
[163] Entretien du 02/09/2016.

fragmentent les communautés, démantèlent les systèmes de productions, dispersent les groupes de parenté et les réseaux familiaux, perturbent le marché du travail et remettent en cause l'identité culturelle des expropriés.

Dans le cadre des déplacements involontaires, la rupture des liens de solidarité ne résulte pas uniquement de la dispersion de la population déplacée sur les différentes terres d'accueil, comme le perçoit M. CERNEA. Les expériences des expropriations effectuées à Lom Pangar et à Mekin démontrent que la dégradation des liens familiaux et communautaires résulte aussi des manières de penser et d'agir qu'adoptent les personnes expropriées à la suite des indemnisations. Dans le cas du projet de Mekin, *l'argent des indemnisations* a modifié les rapports sociaux qu'entretenaient les populations riveraines de ce barrage. La montée de l'individualisme et de l'égoïsme, la formation de petits « *clans* », l'installation de la jalousie et de la haine, la naissance des litiges fonciers et des disputes familiales issues du mécontentement de certains pendant le partage des frais d'indemnisations sont autant de facteurs ayant contribué à la détérioration de la cohésion sociale et familiale, mettant en péril les liens de « *solidarité mécanique* » (E. DURKHEIM, 1930 : 35), qui caractérisent les sociétés traditionnelles. David MEKE NTYAMA, agriculteur exproprié du village Mekomo, affirme, à cet effet :

> Ça [parlant des indemnisations][164] a créé les problèmes dans les familles qui, jusqu'aujourd'hui ne sont pas encore résolus. Les mariages qui se sont cassés, les problèmes entre les parents et fils sur la gestion de l'argent. *Les indemnisations ont dénaturé*

[164] C'est nous qui le disons.

le climat social et créé les problèmes entre les proches parents[165].

Mais au-delà de la manufacture des litiges, l'argent issu des indemnisations du projet de Mekin a favorisé la dépravation des mœurs et la perte des valeurs culturelles. Sous le prisme de l'argent, les habitudes approuvées au sein de la communauté ont cédé place au désordre, à l'anarchie, bref à une situation temporaire d'« *anomie* »[166], où certaines valeurs culturelles, à l'instar de l'entraide, du respect des aînés, des parents ou de la hiérarchie sociale ont été mises en branle. Pierre Clavaire FOUMAN NGOMO, riverain exproprié, dira à ce sujet :

> *Les indemnisations ont créé le désordre dans les familles.* Elles nous ont amenés à abandonner certaines bonnes habitudes. Les jeunes avaient désormais une mauvaise conduite envers eux-mêmes et leurs parents. Les enfants ne respectaient plus leurs parents, les cadets ne respectaient plus les aînés, toute la hiérarchie sociale était devenue embrouillée à cause de l'argent.[167]

Les indemnisations, effectuées dans le cadre du projet de Lom Pangar, n'ont pas échappé à cette logique. Elles ont aussi entraîné la fragmentation des liens de parenté et la dégradation des rapports sociaux entre les populations expropriées. De fait, les problèmes issus du partage des frais d'indemnisations, la compensation parcellaire des maisons d'habitation ou encore les difficultés à s'adapter au nouveau site de recasement sont les principales causes des divisions dans les familles. Louis BENDEKE, riverain exproprié du village New Lom Pangar, tente d'expliquer

---

[165] Entretien du 24/08/2016.

[166] L'*anomie* désigne une situation de dérèglement social, d'absence de normes au sein d'une société ou d'un groupe (A. Akoun ; P. Ansart, 1999 : 27).

[167] Entretien du 27/08/2016.

la vente des maisons acquises par les indemnisations et le départ des propriétaires du village par la difficulté de s'alimenter, qui découle de la vie chère et de la culture marchande, observées dans les villages de recasement au lendemain des indemnisations. Sa Majesté Joseph MBOM, chef du village Ouami, quant à lui, estime que le départ de certains expropriés du village est causé par les problèmes issus du partage de l'argent des indemnisations :

> *Les indemnisations ont créé les problèmes dans les familles et les morts.* Il y a eu des morts, à cause du partage de l'argent des indemnisations. Certains ont même fui le village, quand ils voyaient, qu'ils sont menacés. *Les indemnisations ont dispersé les familles ; l'entente même n'existe plus*[168].

L'absence d'entente dans les familles expropriées se traduit par la haine, la jalousie, les querelles, les bagarres, et même l'augmentation de la pratique de sorcellerie, qui causent la fugue de certains expropriés des villages. Bien que le retour à la paix soit une réalité timidement observée dans certaines familles, le rétablissement du dialogue chez d'autres demeure toujours une équation difficile à résoudre. Espérerons que seul le temps peut guérir les blessures du passé.

4. La résurgence des phénomènes déviants

Emprunté au latin « deviare », qui signifie « s'écarter du droit chemin » (A. AKOUN ; P. ANSART, 1999 : 145), la déviance peut être définie, comme la « transgression des normes sociales [...] autant dire tout comportement qui échappe aux règles (écrites ou non) admises dans la société concernée. » (S-B. ELLA ELLA, 2014 : 29-30). Bien que la notion de déviance soit admise par tous, il faut relever que la perception que l'individu a

[168] Entretien du 10/09/2016.

de la déviance dépend du cadre spatio-temporel dans lequel il se trouve. De ce fait, un phénomène déviant demeure une réalité contextuelle, qui ne peut être érigée en vérité universelle. Car, ce qui est considéré comme déviant dans une société donnée ne l'est pas forcément dans une autre. Bien que les faits déviants soient inhérents à toute société humaine, force est de constater que les paiements des indemnisations aux populations riveraines des projets de Lom Pangar et de Mekin ont accentué leur production dans les localités les abritant. Ainsi donc, la prostitution, l'alcoolisme, les agressions, le vol et le viol ont fait une avancée majeure dans les villages concernés par ces indemnisations. Sa Majesté Samson NKOULOU ÉMANA, chef du village Kam, dit à ce propos que *« L'argent a entrainé la consommation abusive d'alcool »*[169]. Pour montrer l'ampleur de ce phénomène, Marie Thérèse ASSANGONO, riveraine expropriée du village Mekin, affirme : « j'avais souvent dix litres de « ha'a »[170], ça ne faisait même pas deux jours ; quand tu arrivais au village à pareil moment, tout le monde était saoul »[171]. Marc MESSELE, pasteur de l'église presbytérienne camerounaise, ajoute :

> *L'argent des indemnisations a plus contribué à boire qu'à investir.* Je peux vous assurer qu'il y a très peu de personnes ici au village qui ont réalisé quelque chose avec cet argent. Les gens buvaient du matin au soir sans se contrôler, et parfois même sans manger. Le village a été transformé en une société de saoulards. Quand tu arrivais ici à partir de 13 heures, tu trouvais le village presque vide, parce que les gens allaient à Bengbis jouer la vie [...]. Nous avons enregistré plusieurs cas de décès causés par l'alcool. Moi-même qui vous parle, j'ai perdu mon oncle à

---

[169] Entretien du 30/08/2016.

[170] Alcool distillé selon les procédés traditionnels.

[171] Entretien du 22/08/2016.

cause de l'excès d'alcool. Le matin où il a chuté, nous sommes entrés dans sa chambre et on a trouvé les sachets de « lion d'or », « kitoko » et « fighter » versés partout sur son lit. On l'a transporté à l'hôpital de Bengbis. Arrivé là-bas, le médecin a constaté qu'il a fait un infarctus, qui était probablement causé par l'excès d'alcool, et vu son âge avancé il n'avait plus beaucoup de temps à vivre et c'est comme ça qu'il est mort 12 heures après »[172].

Par ailleurs, les indemnisations ont transformé les villages du périmètre des projets de Lom Pangar et de Mekin en un véritable pôle d'attraction des malfrats et des prostitués. Comme l'affirme Alain Serge MEDOUA, riverain exproprié du village Mekin : « *depuis la période des indemnisations, le vol s'est aggravé au village [...] il y a eu une surpopulation des villages ,et la prostitution s'est installée* »[173]. La montée des phénomènes déviants sus-évoqués, observés au lendemain des indemnisations des populations riveraines des projets de Lom Pangar et de Mekin, a entraîné la prolifération des maladies (MST/IST, maladies respiratoires) et accentué le processus de paupérisation des personnes expropriées.

5. L'augmentation de la morbidité et de la mortalité des populations expropriées

Évoquée par M. CERNEA (1999 : 15), comme un risque des déplacements involontaires, l'augmentation de la morbidité et de la mortalité constitue une conséquence de l'expropriation effectuée dans le cadre de la construction du barrage de Mekin. En effet, les atteintes aux conditions de santé des populations riveraines de ce barrage sont multiples. Elles couvrent : les affections psychosomatiques (ou atteintes à la santé mentale et physique), les maladies hydriques (diarrhée, dysenterie),

---

[172] Entretien du 30/08/2016.
[173] Entretien du 20/08/2016.

les parasitoses (malaria), les MST et d'autres maladies causées par la consommation abusive d'alcool.

Les affections psychosomatiques sont causées par les accidents de la circulation et les cas de troubles psychologiques (la dépression, l'anxiété et les traumatismes psychologiques), qui impactent négativement la vie socio-économique des victimes et celle de leurs familles ; entraînant parfois la mort. D'après André OYOMO, riverain exproprié du village Ekok : « *l'ambiance créée par la folie de l'argent des indemnisations a causé beaucoup d'accidents entraînant la mort de beaucoup de personnes [...] plus d'une dizaine de personnes, à ma connaissance* »[174]. Ce sujet, abordé par cet interviewé avec aisance et volatilité, constitue un traumatisme pour les victimes qui en parlent avec trop de peine. La mort des « *accidentés des indemnisations* » n'est pas toujours survenue sans dépenses économiques énormes qui finissent par plomber les économies des familles expropriées, y compris l'*argent des indemnisations*. Attristée et presque en larmes, maman Jeanne BATEBONGO épouse NGO'O aborde le sujet en ces mots :

> *Hum ! Les indemnisations là, moi j'ai tout perdu. J'ai perdu mon fils aîné*. Quand il a eu son argent, il a acheté la moto. La vie était belle. Il est parti sur la route de Mvomeka, accompagné de sa femme. Il a eu un grave accident, on les a transportés à l'hôpital central de Yaoundé. Le peu d'argent que j'ai eu, 400 000 pour ma maison et 600 000 pour le champ, est fini à l'hôpital. Les factures de l'hôpital dépassaient un million de francs. On a même coupé le pied de sa femme. Je pensais qu'avec toutes ces dépenses, il va vivre. Ma fille, qu'est-ce que je peux te dire ?[175]

---

[174] Entretien du 18/08/2016.
[175]Entretien du 18/08/2016.

L'augmentation des maladies hydriques et des parasitoses, quant à elle, s'explique par la proximité des logements de la zone inondable[176] et la mauvaise gestion des indemnisations par les responsables du projet, qui n'ont pas envisagé la compensation des sources et des points d'eau aménagés. Les inondations, causées par le premier test de mise en eau du barrage de Mekin, ont détruit les points d'eau qui permettaient de desservir les populations riveraines. Actuellement, le problème d'accès à l'eau potable se pose avec acuité dans la plupart des villages situés dans le périmètre du projet ; ce qui conduit à la prolifération des maladies hydriques. Pour l'instant, le forage destiné à approvisionner les ouvriers du projet demeure le seul point d'eau potable, où viennent se ravitailler les populations des villages Mekin et Nyabizou, qui sont contraintes de parcourir des kilomètres et de traverser le fleuve Dja (pour ce qui est des habitants de Nyabizou). La photo 11 ci-dessous permet d'illustrer le problème d'accès à l'eau potable, auquel font face les populations expropriées dans le cadre de la construction du barrage de Mekin.

Photo 11 : Point d'eau situé au village Mekin

Source : F. MENDOUGA (enquête de terrain, août 2016).

---

[176] Un fait qui expose les populations à l'invasion des moustiques lors de la fermeture du barrage.

Bien plus, la perte des plantes médicinales et la disparité des centres de santé alimentent la situation de morbidité et de mortalité des populations riveraines du barrage de Mekin. En effet, la destruction des plantes médicinales porte atteinte à la « *sécurité sanitaire* » des populations expropriées. Elle limite l'accès aux soins de santé, garanti par la médecine traditionnelle ; moyen par excellence de la prise en charge des malades dans les villages enclavés et distants des centres de santé disponibles. C'est ce que révèlent les propos de Sa Majesté ESSO ATYI, chef du village Biton, qui affirme : « *l'abandon des plantes médicinales va causer un problème de santé. L'accès aux soins ne sera plus facile* »[177].

Dans le cas du projet de Lom Pangar, par contre, les risques de morbidité et de mortalité des populations expropriées ont été minimisés par les responsables du projet. En effet, la distribution des moustiquaires imprégnées et des médicaments aux populations expropriées, la construction des forages, l'aménagement des points d'eau existants dans les villages de recasement et ceux d'accueil ont réduit considérablement la prépondérance des maladies hydriques et des parasitoses. Le seul problème de santé évoqué par les populations expropriées de Lom Pangar est *l'accès difficile aux soins de santé traditionnels*.

Très souvent, la médecine traditionnelle constitue la source d'accès aux soins la plus privilégiée en milieu rural au Cameroun. Le recours à la médecine moderne vient en dernier ressort lorsque toutes les tentatives de guérison ont échoué. Vues sous cette perspective, les plantes médicinales sont d'une importance capitale pour les paysans expropriés qui conservent cette habitude. La perte

[177] Entretien du 29/08/2016.

des plantes médicinales, dans le cadre des expropriations de Lom Pangar, constitue un obstacle pour l'accès aux soins traditionnels de santé. Malgré la construction des centres de santé dans les villages de recasement et la distribution des médicaments pharmaceutiques, les populations expropriées se plaignent du problème de l'indisponibilité des plantes médicinales. À ce sujet, Jean Olivier BALLA, paysan exproprié du village New Lom Pangar, s'exprime ainsi qu'il suit : « *quand j'étais dans l'ancien village, je connaissais où chercher les remèdes traditionnels même si c'était à minuit. Maintenant ici, il faut aller au village voisin demander, et parfois même, on te vend l'écorce cher, alors que c'est Dieu qui a créé ça* »[178]. Cette situation soulève la question des habitudes culturelles des populations expropriées de Lom Pangar en matière de prise en charge médicale. Étant donné que la guérison revêt un aspect psychologique, et que la construction des cases de santé et la distribution des médicaments pharmaceutiques ne comblent pas les attentes des populations expropriées, n'était-ce pas ingénieux, pour les responsables de cc projet, de promouvoir la culture de la médecine traditionnelle en régénérant les plantes médicinales utilisées par les populations expropriées dans les villages de recasement ?

6. La montée des litiges fonciers dans les communautés expropriées et recasées

Elle est une conséquence des expropriations effectuées dans le cadre des projets de Lom Pangar et de Mekin. Dans le cas spécifique du projet de Mekin, les litiges fonciers sont observés au moment de *l'enquête préalable d'expropriation*, où il n'était pas rare de voir des expropriés se disputer les parcelles de terre abritant les plantations familiales de café et de cacao. Les litiges

---

178 Entretien du 05/09/2016.

fonciers, observés dans le cadre de ce projet, opposent les expropriés qui se partagent les limites de terrains. La réduction des superficies de terres arables a entraîné le confinement des populations sur les espaces de terres restants. D'où l'augmentation de la fréquence des litiges fonciers dans la localité.

Pour ce qui est du projet de Lom Pangar, il faut noter que les recasements organisés dans le cadre des indemnisations des populations riveraines ont entraîné l'accroissement des litiges fonciers. D'une part, l'installation des populations expropriées sur les parcelles de terre réduites par rapport à leur lieu de provenance a provoqué des disputes de terrain entre les bénéficiaires. D'autre part, l'installation des populations expropriées sur le *domaine national,* qui était déjà exploité par les populations des villages hôtes, pose désormais des problèmes de terrain entre les populations réinstallées et les populations des villages d'accueil. Apollinaire KOULAYA, paysan déplacé du village New Lom Pangar, décrit cette situation en ces termes : « *notre déplacement a créé les problèmes de terrain avec nos voisins. On discute le terrain entre nous, et même avec les gens de Déoulé et Ouami* »[179]. Le problème de la dispute de terrain, qui est au centre des discordes entre populations recasées et populations hôtes, trouve une explication dans la nature des réflexions protectionnistes et égoïstes des populations d'accueil, qui éprouvent de la peine à partager la terre avec les nouveaux venus. C'est ce que révèle Sa Majesté Gilbert SAMBA, chef du village Déoulé : *« les indemnisations ont causé les problèmes de discussion de terre. Malgré que la terre appartienne à l'État, nous étions les garants de la terre. Aujourd'hui, cette terre ne nous appartient plus seuls, parce qu'on a divisé une partie*

[179] Entretien du 06/09/2016.

pour leur donner, ça doit causer les problèmes »[180]. La naissance des litiges fonciers entre populations réinstallées et populations hôtes n'est pas un phénomène nouveau et propre à la construction du barrage de Lom Pangar. Thayer SCUDDER (1996 : 274) en faisait déjà mention :

> Même lorsque les leaders politiques autochtones acceptent de recevoir les populations déplacées [...], tôt ou tard, des conflits peuvent naître. Ils se produisent en raison de la concurrence d'une population plus grande pour les terres, alors que la superficie par habitant diminue, [...] les conflits relatifs aux terres arables peuvent prendre de l'ampleur lorsque les enfants des populations réinstallées et des populations hôtes cherchent des parcelles pour leurs nouvelles familles.

B2. Les incidences psycho-sociologiques des indemnisations des populations riveraines de Lom Pangar et Mekin

Cette sous-section se propose de dévoiler les différentes affections liées aux indemnisations des populations expropriées de Lom Pangar et de Mekin, ainsi que l'état psychologique de ces populations après la procédure d'indemnisation.

1. Les affections psychologiques liées aux indemnisations des populations expropriées de Lom Pangar et de Mekin

Elles peuvent être appréhendées comme des atteintes à la santé mentale des individus. Les indemnisations effectuées dans le cadre des projets de Lom Pangar et de Mekin ont porté atteinte à la santé mentale des populations expropriées. En effet, les traumatismes subis par les

---

[180] Entretien du 13/09/2016.

populations expropriées de Mekin ont donné lieu au développement du « *complexe d'infériorité* », qui se traduit par le mépris de soi. Les populations, ayant subi des « injustices » pendant la procédure d'indemnisation, se considèrent aujourd'hui comme des laissés-pour-compte, des personnes sans valeur ni avenir certain, bref des « *morts vivants* »[181], pour reprendre les propos de Sa Majesté Samson NKANEMBANG, chef du village Nyabizou.

Bien plus, la mauvaise gestion des indemnisations a développé ce que Gérard HEUZE (1993 : 155) appelle « *l'expression du sentiment de dépossession* », qui se traduit par les colères vives de certains expropriés. Quatre années environ après le paiement effectif des indemnisations, les populations expropriées de Mekin éprouvent de la peine à aborder ce sujet. L'évocation du mot « indemnisations » provoque chez certains un changement brusque de mine et d'attitude, qui est accompagné des coups de gueule au début de certains entretiens. C'est par exemple ce qui a été observé au contact de Marie NGO ONN, cultivatrice expropriée du village Ekok. L'écoute du mot « indemnisation » a créé chez elle une colère soudaine matérialisée par le discours suivant :

> Ma fille, on t'a envoyé ? Ne viens pas réveiller les choses qu'on essaye d'oublier. Les indemnisations ont détruit toutes nos vies. S'ils t'ont envoyée pour nous sonder, va leur dire qu'ils n'ont rien fait avec cette histoire d'indemnisations. Qu'ils apportent l'arme une fois pour nous tuer, parce que nous sommes déjà morts.[182]

---

[181] Entretien du 26/08/2016.
[182] Entretien du 19/08/2016.

La supposée mort des êtres encore vivants, à laquelle fait allusion cette dame, traduit l'état de précarité dans lequel vivent les populations expropriées de Mekin. Pour beaucoup, les indemnisations sont une malédiction, « *un argent qui est sorti de « Nkolcoupé » pour détruire la vie des gens* »[183]. En outre, la perte des biens pendant la procédure d'indemnisations, l'idée de tout quitter pour reprendre une nouvelle vie et la longue attente des sites de réinstallation ont créé le *stress* et le *sentiment d'anxiété* chez les personnes expropriées des villages Nyabizou et Awo'an. Ces personnes, supposées bénéficier d'une relocalisation sur un site dit « *village pilote Hydro-Mekin* », qui n'a jamais vu le jour jusqu'ici[184], demeurent dans une situation d'inquiétude permanente. Sa Majesté André BIWOLE, chef du village Awo'an, exprime ses états d'âme, en ces termes :

> J'ai passé trois jours sans dormir. J'ai revu toute ma vie, tous mes efforts sont vains aujourd'hui. Si on m'enlève d'ici, je vais faire comment pour vivre ? Même la force pour faire les champs, je n'ai plus. J'ai 73 ans, je suis resté seul ici au village. J'ai perdu tous mes frères et sœurs, il y a près de 40 tombes ici. Je veux les laisser pour aller où ? On nous a interdit d'enterrer les gens ici. J'ai perdu mon fils, je suis allé demander la terre chez le fils de ma femme qui est chef à Nkolmeka. Awo'an a eu un éclatement, il y a d'autres qui sont allés s'installer à Mekin. Quand mon arrière-petit-fils est mort, je suis allé l'enterrer à Mekin. J'ai la malchance dans ma vie. Je veux

[183] Entretien du 19/08/2016.

[184] Il est question de *recaser une cinquantaine de familles vivant dans deux villages : 35 à Nyabizou et 15 à Awo'an.* Le 1er essai de ce recasement est bloqué depuis 2017 avec l'arrêt des travaux de la route reliant la digue secondaire de Mekin au site de recasement (A. Mbong, 2020, 4 ; A. Mbong, 2020, 5).

seulement savoir là où mes enfants et mes petits fils vont vivre.[185]

Au regard de cette intervention, il est clair que le problème d'indemnisation, et plus encore celui de l'attente des sites de recasement auxquels font face les populations des villages Nyabizou et Awo'an, impactent leur santé mentale. Ces populations ne vivent plus en paix. Car, les problèmes causés par l'expropriation ont créé en eux le stress, l'anxiété et la peur d'affronter la vie future. L'interdiction de planter les cultures pérennes, de procéder à l'inhumation des dépouilles mortuaires et l'inexistence du nouveau site de relocalisation sont des facteurs qui favorisent ces affections psychologiques.

Les affections psychologiques sont moins prononcées dans le cadre des expropriations des populations riveraines du barrage de Lom Pangar. Seuls les cas d'anxiété font office d'atteinte à la santé mentale des populations. Ils se justifient principalement par les faits tels que : la dégradation des rapports sociaux entretenus entre les expropriés, l'abandon des tombes et des sites sacrés.

2. Les problèmes liés à la réinstallation des populations expropriées de Lom Pangar et Mekin

S'agissant du projet de Mekin, il est difficile de parler des problèmes de la réinstallation des populations expropriées. Car, les personnes, susceptibles de quitter leurs lieux de résidence y sont encore installées.

Pour ce qui est du projet de Lom Pangar, force est de constater que malgré la planification, la mise en œuvre effective du PIR et le contrôle incessant des actions menées par les équipes de la B.M sur le terrain, la réinstallation des populations expropriées de Lom Pangar n'est pas sans danger. D'une part, elle est à l'origine de la

---

[185] Entretien du 30/08/2016.

limitation de l'accès aux ressources de la forêt. En effet, les populations de New Lom Pangar, qui sont recasées près du parc national de Deng Deng et de la forêt communautaire (zones interdites d'accès), sont contraintes de se contenter des quelques ressources, dont elles disposent dans la parcelle de terre cultivable qui leur a été donnée. À présent, ces populations sont confrontées au manque de ressources forestières. Car, les quelques ressources qui se trouvaient sur leurs terrains sont presque totalement exploitées. Ceci les empêche de jouir pleinement des biens prélevés dans la forêt, comme cela était de coutume dans l'ancien site. Jean HAMADOU, exproprié réinstallé du village New Lom Pangar, affirme :

> La réinstallation est une mauvaise chose, parce qu'il y avait la liberté de faire tout ce qu'on voulait dans la forêt : la pêche, les pièges, le ramassage. Maintenant, il n'y a plus de brousse pour faire tout ce qu'on veut à volonté. On est traité de voleurs quand on entre dans les terrains qui ne nous appartiennent pas.[186]

D'autre part, les difficultés qu'éprouvent les populations à reprendre une nouvelle vie constituent un danger de la réinstallation. Le fait d'avoir tout abandonné pour reprendre tout à zéro crée un *traumatisme* chez les populations expropriées. Celles-ci sont habitées par la nostalgie, mieux le sentiment de retourner aux sources. Si cela était encore possible, bon nombre de personnes déplacées seraient rentrées dans leurs villages de départ. Roger II BATOURI, exproprié du village New Lom Pangar, révèle qu'« *on a les problèmes d'adaptation. On a le sentiment de rentrer dans l'ancien site, mais on supporte seulement* »[187]. Et Sa Majesté Dodo FAROUKOU, chef du village New Lom Pangar, ajoute :

---

[186] Entretien du 07/09/2016.
[187] Entretien du 10/09/2016.

> *Là où tu es né et tu as grandi, on te fait partir de là, ça fait très mal. C'est un mal général, ce n'est pas pour une personne.* On était habitué à cet endroit, on avait l'habitude de faire nos choses librement. On a laissé tout notre patrimoine derrière. On a abandonné notre lac sacré et nos lieux sacrés. Maintenant, faire la tradition ici devient difficile. Même les tombes de mes parents sont restées là-bas. On a refusé l'exhumation des corps, parce que chez nous, il est interdit d'enterrer un corps et de le déterrer après. C'est comme un sacrilège, un sabotage de la mémoire du mort. Je vis bien ici, mais je ne suis pas à l'aise quand je pense à tout ça.[188]

Les débuts d'une nouvelle vie, en tant que populations réinstallées, ne sont pas du tout aisés. La reprise à zéro des activités agricoles a entraîné une situation temporaire de pénurie des denrées alimentaires, que le seul appui apporté par EDC n'a pu résoudre. *Le changement de milieu de vie a entraîné inévitablement un changement d'habitudes et de comportements*. Ce qui n'a pas été facile pour les personnes réinstallées. Les processus d'accommodation des populations expropriées aux nouvelles réalités sociales nécessitent du temps. Elles demeurent un défi à relever. Dans le cas du village de recasement New Lom Pangar, certaines personnes réinstallées n'ont pas su résister aux caprices de la réinstallation, elles ont décidé de quitter le village après avoir vendu leurs habitations.

En substance, les indemnisations effectuées dans le cadre des projets structurants de Lom Pangar et de Mekin ont eu des impacts tant positifs que négatifs sur la vie économique, anthropologique et psycho-sociologique des populations expropriées et sur le fonctionnement du barrage de Mekin. Malgré le travail des ONGs (dans le site de Lom Pangar), les problèmes de réinstallation des populations

---

[188] Entretien du 05/09/2016.

expropriées ne sont pas totalement résolus. Aussi importe-t-il de retenir, à la fin de ce chapitre, que les indemnisations effectuées dans le cadre de ces projets structurants ont entrainé les pertes et incidences d'ordres économiques et psycho-socio-anthropologiques. Toutefois, il est observé une plus grande prépondérance des pertes et incidences dans le cadre des indemnisations des populations riveraines du projet de Mekin par rapport à celles du projet de Lom Pangar. Ce résultat trouve sa justification au sein des stratégies d'indemnisation, qui ont été adoptées dans chacun de ces projets. Dès lors, il est plus aisé de retenir que *le taux de prépondérance des risques liés aux indemnisations est tributaire de la stratégie d'indemnisation adoptée par le projet. Une stratégie d'indemnisation bien élaborée permet de minimiser les risques, tandis que celle mal structurée permet de les accroître.*

EN GUISE DE BILAN :

L'IMPORTANCE CRUCIALE DE L'EXPERTISE PSYCHO-SOCIO-ANTHROPOLOGIQUE DANS LES PROCÉDURES D'INDEMNISATION

Samuel-Béni ELLA ELLA

En définitive, il faut dire que les septennats des « grandes ambitions » et des « grandes réalisations » ont été marqués au Cameroun par la construction des infrastructures de développement susceptibles de booster la croissance économique du pays. La réalisation des projets dits « structurants » a causé des vagues d'expropriations des populations riveraines. Cependant, ces expropriations ne se sont pas toujours soldées sans remous. Les scandales observés autour de la question des indemnisations et la situation de précarité dans laquelle vivent nombre de populations expropriées ont éveillé la curiosité des auteurs de cette étude pour révéler les aspects cachés des indemnisations des populations riveraines des projets structurants de Kribi, Lom Pangar et Mekin. Aussi est-il maintenant question de discuter d'abord les résultats obtenus, de faire ressortir ensuite les enseignements tirés de cette étude et de parler enfin de son utilité sociale.

Loin de prétendre avoir bouclé une *sociologie critique de la préparation des projets structurants en contexte camerounais*, ce travail sociologique s'inscrit dans la continuité des travaux de recherche effectués sur la question des déplacements involontaires et des indemnisations allouées aux populations riveraines des projets et programmes de développement en général, et sur les conflits et incidences liés aux indemnisations des projets structurants de Kribi, Lom Pangar et Mekin en particulier.

D'entrée de jeu, nous observons que la législation relative aux indemnisations entretient les conflits à Kribi (Mboro et Lolabé), Mekin et Lom Pangar, parce qu'elle comprend des dispositions conflictogènes[189], et devient de plus en plus anachronique. Bien plus, les enquêtes de terrain effectuées ici et là démontrent que les stratégies d'indemnisation des populations riveraines des projets de Kribi, Lom Pangar et Mekin découlent des dispositions légales, dont le choix est tributaire des sources de financement des projets. De ce fait, les indemnisations des populations expropriées de Mekin se fondent exclusivement sur la législation camerounaise. Tandis que celles de Kribi et Lom Pangar s'effectuent sur la base de l'application conjointe de la législation nationale et de la *politique opérationnelle OP 4.12* de la B.M. Ce qui confirme l'hypothèse d'« *un pays avec deux systèmes d'indemnisation* ». Qu'à cela ne tienne, la stratégie d'indemnisation du projet de Lom Pangar a été plus bénéfique à la restitution des biens détruits, tandis que les indemnisations des populations riveraines des projets de Kribi et Mekin contribuent mieux à générer les problèmes qu'à restaurer le bien-être des populations affectées par ces projets.

De cette étude, il convient de retenir *trois principaux enseignements sur la sociologie critique de la préparation des projets structurants en contexte camerounais*. En premier lieu, il faut retenir qu'au Cameroun, *l'application*

189 Le prix du m^2 de terrain ne reflète pas le coût de vie actuel ; les grilles des indemnisations des cultures et des maisons poussent à la révolte.

des textes sur l'expropriation dépend de la source de financement du projet qui cause cette expropriation. Ce qui crée, d'emblée, *une diversité de stratégies d'indemnisation dans un pays, où les citoyens sont censés être égaux devant la loi*. La proportionnalité des avantages et incidences négatives, liés aux indemnisations des populations riveraines des projets de Kribi, Lom Pangar et Mekin, est tributaire des stratégies d'indemnisation adoptées.

En second lieu, les actions menées par les responsables des projets et les institutionnels chargés des indemnisations peuvent aussi bien faciliter la restitution des biens et la réinstallation des populations expropriées, que mettre en péril leur avenir et celui de leur postérité. Toutefois, les populations expropriées ne peuvent être exemptées de toute faute, puisqu'elles participent pour beaucoup à la production de ces pertes et incidences négatives, même dans le cas où les responsables de projets adopteraient une stratégie d'indemnisation favorable à une meilleure réinstallation et à l'amélioration des conditions de vie. Bref, cette étude a permis de :

- relever les manquements et failles des dispositions juridiques nationales, qui entraînent les abus et manigances observés dans les procédures d'indemnisation des populations expropriées de Kribi et surtout de Mekin ;
- dévoiler la responsabilité des différents acteurs sociaux dans la production des conflits et incidences négatives liés aux indemnisations des populations riveraines des projets de Kribi et Mekin.

En troisième lieu, force est de relever qu'à côté des *investissements durables*[190], il existe des *investissements non durables*, comme : la construction des cases en chaume et en terre battue ; l'installation des expropriés dans les grandes villes ; l'achat des voitures et motos ; les dépenses effectuées dans les débits de boisson, les maisons closes et les « grands hôtels ». Ces *investissements non durables* maintiennent certains bénéficiaires dans un *état de précarité insoutenable*. Par ailleurs, l'acquisition des superficies réduites de terres arables pose *le problème de la durabilité des ressources naturelles disponibles*. De manière générale, les atouts des indemnisations des populations riveraines du barrage de Lom Pangar, par exemple, découlent plus des actions menées par EDC dans le cadre de la mise en œuvre du PIR. En réalité, les populations expropriées se sont peu souciées de laisser une marque indélébile du passage des indemnisations dans leur vie. Car, comme l'affirme Pierre Julio MASSOUSSI, chargé de la mise en œuvre et du suivi des compensations de déclaration d'utilité publique dans le cadre du projet de Lom Pangar : *« Malgré le travail des ONGs, d'aucuns ont investi dans des biens non durables. Quand vous voyez des gens qui ont eu de l'argent il y a quatre ans, ça ne se reflète nulle part. Environ 90 % des populations n'ont pas réalisé leurs projets »*. De même, peu de personnes indemnisées dans le cadre des projets structurants de Kribi et Mekin ont bénéficié des avantages durables. Pour la plupart des bénéficiaires, *l'argent des indemnisations* n'a pas servi à grand-chose. Il a été dépensé dans des « *investissements non durables* ». Bref, le *problème de la durabilité des avantages des indemnisations,* dans le cadre des projets de

---

[190] La construction des maisons en semi-dur ou en dur, des cases de santé et des salles de classe ; la formation des populations sur la gestion des projets, les techniques d'agriculture et d'élevage…

Kribi et Mekin, dévoile les dysfonctionnements qui ont cours dans les procédures des indemnisations au Cameroun. En effet, *l'absence d'informations suffisantes sur la gestion des indemnisations et l'inconscience de certains bénéficiaires* sont à l'origine de la disparité des avantages durables. Comme l'illustre Ferdinand ABE, notable du village Nyabizou : « *il n'y a pas eu information pour préparer les indemnisations, les gens n'étaient pas prêts pour recevoir cet argent. Personne ne s'est souciée de l'avenir de ces indemnisations, ni l'administration, ni nous-mêmes, personne n'a été consciente* »[191].

En outre, contrairement à la construction du port en eau profonde de Kribi, qui a dû s'estomper à cause du problème des indemnisations, la construction du barrage de Mekin s'est effectuée sans arrêt des travaux. Cependant, cela ne veut pas dire que les indemnisations des populations riveraines du barrage de Mekin n'ont pas subi d'incidences sur le projet. *D'après les déclarations recueillies auprès de certains chefs traditionnels, il est possible que la mauvaise gestion des indemnisations des populations riveraines du barrage de Mekin ait eu une incidence négative sur le barrage.* Les problèmes de dysfonctionnement que rencontre ce barrage depuis le premier test de mise en eau (fermeture des trois turbines) ne sauraient s'expliquer uniquement par des défaillances techniques. Il importe désormais de tourner un regard vers le mécontentement des populations expropriées. En tenant compte des réalités socio-anthropologiques africaines, mieux encore de la croyance aux forces surnaturelles, n'est-il pas possible, en effet, d'établir un lien entre l'incapacité du barrage à fonctionner et la mainmise des forces mystiques ? En termes plus explicites, *la fissuration du barrage de Mekin ne résulterait-elle pas de la colère des patriarches et des esprits de l'eau habitant le fleuve*

[191]Entretien du 25/08/2016.

Dja ? Le sens latent des propos de Sa Majesté André BIWOLE, l'un des patriarches de la communauté expropriée et chef du village Awo'an, laisse entendre qu'*il est fort probable que les problèmes, que rencontre aujourd'hui l'entreprise Hydro-Mekin à faire fonctionner le barrage, sont d'ordre surnaturel et ne sauraient s'expliquer par de simples formules mathématiques et lois de la physique* :

> Si vous avez bien vu ici à Mekin, il n'y a pas eu des morts pendant la construction du barrage, parce que j'ai parlé à nos ancêtres, qui vivent dans le fleuve. Avant qu'on ne commence ce barrage, on est venu me chercher ici, dans une grosse voiture pour aller faire les rites au fleuve. Le barrage-là est placé à l'endroit où vivaient nos ancêtres [...]. Je leur ai demandé d'aller s'installer un peu plus en bas du fleuve pour permettre aux Chinois de travailler. *Moi, je voulais le développement, pour ça, j'ai sacrifié deux filles, les chèvres et les poulets. J'ai aussi versé les pièces d'argent dans le fleuve, comme ils ont demandé. Aujourd'hui, après tout ça, qu'est-ce que le barrage m'a apporté ? Rien, à part la misère, la pauvreté et les soucis. Je n'ai même pas bénéficié des indemnisations pour mes cultures qui se sont gâtées.* Le peu de nourriture que j'ai en brousse, l'eau est en train de tout détruire. Le manioc pourrit au sol, il y a déjà la famine ici. Si je meurs aujourd'hui, je ne sais pas comment mes enfants et petits-fils vont vivre. Tout ce que je souhaite, c'est de voir là où ils iront.[192]

Si Sa Majesté André BIWOLE dévoile implicitement *l'impact que la colère des populations locales peut avoir sur le fonctionnement du barrage*, Sa Majesté René ENGOUTOU, chef du village Bissombo, l'énonce clairement en ces termes :

---

[192]Entretien du 30/08/2016.

> *On ne peut pas quitter d'ici. S'ils tentent ça, on va voir*. On te donne un million, ça peut faire quoi ? Ils sont venus se moquer des gens. Qu'ils viennent nous donner le reste d'argent. C'est ça qu'on attend. S'ils ne viennent pas nous donner ce reste d'argent, les choses ne vont pas marcher là-bas. *Quand le village pleure, les choses ne peuvent pas bien marcher. N'est-ce pas qu'ils ont déjà vu ça là-bas* ?[193]

Et un autre chef de village, cité par Michel Ange NGA (2019 : 7), renchérit :

> Tant que nos problèmes ne seront pas résolus, nous avons décidé que le barrage ne fonctionnera jamais. Même s'ils le démarrent aujourd'hui, il s'arrêtera toujours. Si les promesses ne sont pas tenues, cet ouvrage ne servira à rien.

Des interventions susmentionnées, il ressort que *la colère des villageois*, fondée sur la mauvaise gouvernance des procédures d'expropriation et les frustrations subies pendant les procédures d'indemnisation, *serait à l'origine des différents problèmes que rencontre la mise en eau du barrage de Mekin*. Officiellement lancés en 2012, pour une durée de trente-six (36) mois, les travaux de construction du barrage de Mekin sont achevés depuis 2016. Mais, l'infrastructure n'a été provisoirement réceptionnée que le 22 janvier 2019 (après près de quatre ans de retard), après moult péripéties. Pour parachever ses travaux, la société sous-traitante demande d'abord à simuler une montée des eaux dans le barrage, afin d'éprouver le *déversoir*. Cette simulation conduira à l'ennoiement des routes, ponts et de certains villages, comme prévu dans l'étude d'impact environnemental ayant précédé le démarrage des travaux. Ensuite, au moment d'*effectuer des essais d'injection de l'énergie de Mekin dans le réseau interconnecté Sud*, des incompatibilités sont observées, obligeant la société Hydro-

[193]Entretien du 27/08/2016.

Mekin (chargée du pilotage du projet de Mekin) à lancer préalablement une « étude d'intégration des deux réseaux ». Ici encore, l'entreprise fait face à une nouvelle difficulté : *la ligne est non seulement parsemée de poteaux pourris, mais elle est aussi pratiquement perdue dans la brousse*. Une fois ces travaux achevés, au moment d'effectuer les essais en août 2018, *deux des trois groupes électrogènes du barrage, restés longtemps inutilisés, se grippent et ne démarrent plus. Pire encore, l'unique groupe maintenu en activité pour éclairer la cité du maître d'ouvrage et effectuer certains travaux sur le site tombe en panne* (Brice R. MBODIAM, 2019 : 6). Bien plus, s'il est admis que *la production d'un mégawatt d'électricité coûte environ 1 à 1,6 milliard de FCFA*, le coût du barrage de Mekin, d'une capacité de production de *15 mégawatts*, doit se situer dans la fourchette de 15 à 40 milliards de FCFA. Or, en 2010, quand la décision de construire ce barrage est actée par l'État camerounais, il fallait payer 25 milliards de FCFA pour boucler les travaux. Neuf ans plus tard, le financement de ce projet structurant se situe à plus de 100 milliards de FCFA. Malgré ce surcoût, le barrage de Mekin est toujours en chantier (M. Ange NGA, 2019 : 7).

Il est donc important de souligner que les indemnisations pour cause d'expropriation ne sauraient se limiter uniquement à la distribution des sommes d'argent en guise de compensation des biens détruits, sans toutefois tenir compte des réalités socio-anthropologiques des populations riveraines expropriées. L'aspect psycho-socio-anthropologique des indemnisations a été très ignoré par les responsables des projets et les membres des commissions de constat et d'évaluation (CCE) de Kribi et Mekin. Pourtant, cette donnée négligée peut mettre en mal la réussite d'un projet de développement. Pour éviter des désagréments observés dans le cadre de la construction du barrage de Mekin et du port de Kribi, les retombées socio-anthropologiques des indemnisations pour la mise en place d'un projet de développement doivent être managées avec beaucoup de tact et de délicatesse. Il revient donc aux responsables des projets et aux sectorielles chargés des indemnisations d'intégrer cette logique pendant toutes les étapes de la procédure d'expropriation.

De tous ces propos, il ressort que chaque projet nécessitant l'expropriation des populations doit associer sociologues, anthropologues et psycho-sociologues, aussi bien dans l'évaluation des impacts environnementaux et sociaux ; la sensibilisation et la prise en charge des populations avant, pendant et après la procédure d'indemnisation, que dans la composition de la commission de constat et d'évaluation (CCE) surtout. Cela permettrait que les experts en sciences sociales puissent anticiper les problèmes pouvant se poser lors de l'exécution du projet. À ce sujet, J-M. ELA (1998 : 233), citant le Directeur Général de l'UNESCO, Frédérico MAYOR, rappelle que

> L'avancement des sciences sociales doit être considéré comme la condition d'une évaluation permanente de la pertinence et de l'efficacité des actions de développement entreprises. On peut penser que *beaucoup d'erreurs auraient pu être évitées dans les stratégies nationales et internationales du développement si les décideurs avaient pris en considération le point de vue des sciences sociales au moment opportun.*

Aussi importe-t-il, par exemple, d'insister brièvement sur le rôle du sociologue dans la préparation des projets de développement.

- **Le rôle du sociologue dans la préparation d'un projet de développement**

Trois grandes étapes se suivent dans le *cycle de vie d'un projet de développement*, qui se présente comme une « boucle », à savoir : la préparation, l'exécution et l'évaluation.

Figure 1 : Le cycle de vie d'un projet de développement

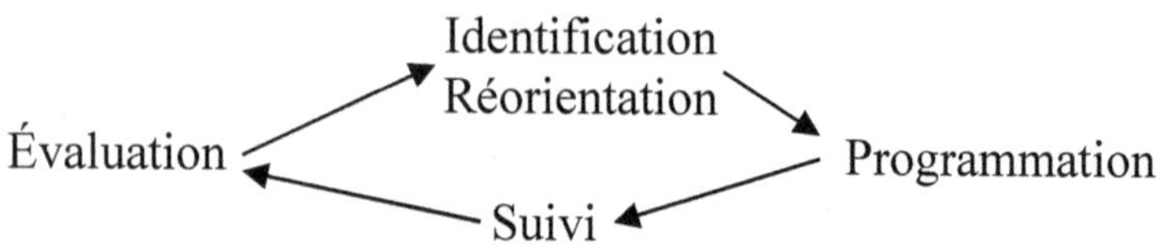

Source : E. BEAUDOUX et al (1992 : 186).

Préparer/concevoir/monter un projet de développement, c'est, d'une part, définir clairement les actions prioritaires et réalisables pour son exécution *(identification du projet)*. Et d'autre part, *justifier la faisabilité de ce projet* aussi bien dans *sa globalité* ou ses principales dimensions (financière, humaine, matérielle, organisationnelle…) que dans *sa spécificité* : chaque dimension du projet doit d'abord être analysée à part (*analyse sectorielle*), et ensuite en relation avec toutes les autres dimensions du projet (*analyse globale*).

Phase fondamentale de la préparation du projet, *l'identification du projet* s'étend parfois sur une longue période, notamment *jusqu'à 12 mois*, voire davantage. En effet, *l'identification du projet* consiste, tout d'abord, à *recueillir des informations pour une bonne « connaissance ou étude du milieu »*, à travers l'enquête sociologique. Loin d'être un travail « encyclopédique », l'« *étude du milieu* » doit être faite en fonction d'un objectif précis : *déterminer les contraintes et les potentialités d'une localité (zone du projet)* avant de suggérer les actions à mettre en œuvre. Et pour ne pas disperser les efforts, il est utile de préparer une *grille de collecte des informations*, qui permettra de cibler cette étude du milieu sur des *thèmes précis* en recensant *toutes les informations à rechercher*.

Une fois l'« *étude du milieu* » *faite*, l'autre aspect important de *l'identification du projet* est le *degré d'implication de tous les acteurs concernés* dans cette étape fondamentale de la préparation du projet[194], surtout les populations locales : « *En tirant les leçons de l'échec des projets de développement conçus de l'extérieur, on s'interroge aujourd'hui [...] sur la nécessité de revenir à la base afin de s'appuyer sur les populations qui ont leurs logiques et leurs rationalités* », disent P. BOIRAL *et al* (1985), cités par J-M. ELA (1998 : 188). Et « *on reconnaît volontiers qu'il n'est plus possible de concevoir un projet de développement sans se préoccuper de savoir ce qui se passe dans la tête des gens. L'écoute de l'autre devient alors une condition de réussite de ce que l'on veut entreprendre en suscitant la participation des intéressés* », ajoute J-M. ELA (1998 : 188). En effet, la *détermination des actions réalisables à entreprendre* doit être faite avec tous les acteurs locaux (bénéficiaires du projet, cadres des institutions d'appui et ceux des services techniques étatiques de la zone d'intervention du projet). Pour cela, trois méthodes classiques sont utilisées à ce sujet : *l'arbre à problèmes*[195], le *cadre logique* et la *planification par objectifs* (ou le *ZOPP*)[196].

---

[194] Plus ils seront intégrés, plus grandes seront les chances de leur *participation responsable*, selon E. Beaudoux *et al* (1992 : 35).

[195] C'est une *méthode d'analyse et de classification des problèmes*. Lors d'une *réunion « arbre à problèmes »*, les participants doivent d'abord arriver à un consensus sur *le problème central*, qui sera inscrit à *la base du tronc*. Ensuite, ils déterminent *les principaux effets et conséquences de ce problème*, qu'ils inscrivent au niveau *des branches*. Enfin, *les causes ou*

À la fin du *processus d'identification*, les trois principales catégories d'acteurs (population locale, ONG/structure d'appui, organisme de financement) doivent être capables d'aborder un *processus de négociation des actions réalistes et judicieuses à mettre en œuvre*. Cette *négociation*, qui clôture la phase d'identification du projet, doit aboutir à la formulation claire du *cadre logique final* du projet. Bref, *une bonne préparation du projet permet non seulement d'anticiper les problèmes pouvant se poser lors de l'exécution du projet, mais aussi d'imaginer les solutions adéquates*. À cette étape du cycle du projet, le sociologue peut être consulté pour *réaliser l'étude du milieu* et *l'animation du processus de négociation des actions prioritaires* à mettre en œuvre. En effet, le sociologue peut être sollicité pour réaliser des *monographies* ou pour décrire la *situation de référence* (démographie, division du travail, système foncier, aspects socio-culturels, services sociaux, dynamique socio-économique, besoins locaux, contraintes et facteurs de développement), d'une part, et dans *l'élaboration des activités et modalités d'intervention du projet*, d'autre part (cadre institutionnel, participation locale, promotion des associations locales et de l'approche genre, formulation des composantes/volets du projet…).

Qu'à cela ne tienne, le sociologue ne devrait pas simplement faire de la science pour la science. La production des connaissances sociologiques doit contribuer à l'avancement des connaissances scientifiques

---

origines principales et secondaires du problème sont marquées *dans les racines*.

[196] C'est un *outil d'aide à la prise de décisions*, mis au point par la *coopération allemande*, qui permet à un maximum d'acteurs locaux de participer à l'identification du projet, en apportant leurs constats, questions, idées et suggestions, au cours d'une *série de réunions* étalées sur une ou plusieurs semaines. Le *Zopp* se déroule en 12 étapes, qui s'organisent en deux parties distinctes : *l'analyse* et *la planification*.

et à l'orientation des acteurs sociaux dans la résolution des problèmes sociétaux. Aussi E. DURKHEIM (1930 : 34) soutient-il que la sociologie est vaine si elle n'est que pure spéculation. Toute recherche sociologique se doit de produire des *connaissances pertinentes et opératoires*, capables d'édifier les acteurs sociaux concernés, renchérit J-M. ELA (2001 : 28). C'est dans cette logique qu'il importe de prolonger cette étude fondamentale vers une *recherche-action*[197], afin de suggérer des *moyens d'action* aux principaux décideurs concernés par la question des indemnisations pour cause d'expropriation au Cameroun. En effet, pour garantir une meilleure opérationnalisation de la procédure d'indemnisation, le ***législateur camerounais*** doit réviser les textes y afférents, dans l'optique de :

- restaurer le principe d'une indemnité d'expropriation « juste » et « préalable » ;
- intégrer tous les responsables des ministères techniques concernés par les indemnisations dans la composition de la CCE. L'analyse de l'article 5 du 16/12/1987 révèle qu'aucun responsable du ministère de l'Élevage, des Pêches et des Industries animales (MINEPIA) n'est membre de la CCE. Pourtant, ils sont les mieux indiqués pour évaluer les biens liés à leur domaine d'activité (étangs piscicoles, fermes aquacoles) ;
- expliciter l'expression « d'autres mises en valeur », les catégoriser et fixer leurs modalités d'évaluation et de calcul ;

[197] La *recherche-action* ou l'« *intervention sociologique* » est un moyen d'action qui vise le *changement social* sur une échelle restreinte ; une *méthode de recherche sociale*, qui non seulement met l'accent sur la *meilleure compréhension d'un problème social*, mais aussi essaie de contribuer à la résolution du problème social étudié.

- tenir compte du *droit foncier coutumier* des populations riveraines pendant la procédure d'expropriation, en mettant à leur disposition de nouvelles terres de remplacement ;
- élaborer *les mécanismes de contrôle*, capables de pallier les problèmes d'*évaluation des biens à indemniser* et de *détournement de deniers publics* y afférents.

En un mot, pour minimiser les risques potentiels de surévaluation des biens, de sous-évaluation des biens et d'enregistrement des noms fictifs sur les décrets d'indemnisations, deux propositions sont envisageables. La première consiste à vérifier rigoureusement s'il existe une conformité entre les montants alloués aux indemnités, les biens enregistrés sur la fiche d'expropriation et la matérialisation de ces biens avant tout paiement. Pour se faire, la création et la fixation des modalités de fonctionnement d'un *comité ad hoc de vérification et du contrôle de la conformité des indemnisations* sont souhaitables. La seconde concerne la révision de l'article 3 (2) de la loi du 04/07/1985, qui édicte que l'indemnisation due aux personnes évincées est fixée par décret. En effet, la « *judiciarisation* » de la procédure d'expropriation permettra de déceler à temps les potentiels cas de fraude et problèmes d'évaluation des biens frappés d'expropriation. Le jugement prononcé par un *juge d'expropriation* permettra de résoudre, au préalable, les *contentieux liés aux indemnisations* avant la signature du décret d'indemnisation.

Par ailleurs, les ***responsables des projets et les institutionnels impliqués*** dans les différentes phases des procédures d'indemnisation et d'expropriation gagneraient à :

- veiller au respect scrupuleux de l'application de la législation sur l'expropriation et des différents textes d'application en vigueur au Cameroun ;
- assurer impérativement la sensibilisation et l'accompagnement des populations expropriées en recrutant les ONGs capables de suivre les populations dans toutes les étapes de la procédure d'indemnisation ;
- procéder à l'indemnisation en nature des terres, habitations et structures sociales publiques, afin d'éviter leurs pertes ;
- œuvrer à la domestication des PFNL et plantes médicinales afin de pallier le problème de perte d'activités de ramassage et de cueillette, et de l'accès aux soins de santé garantis par la médecine traditionnelle ;
- tenir compte des données socio-anthropologiques pendant la procédure d'indemnisation et instaurer les mécanismes capables de minimiser leurs incidences négatives sur la réalisation d'un projet ;
- assurer la prise en charge psycho-sociologique des populations expropriées, afin d'éviter des dérives et des affections psychologiques.

Enfin, les populations expropriées, *qui sont les premières victimes des* effets pervers des indemnisations non maîtrisées, *gagneraient à :*

- *légaliser leur droit de propriété sur les terres* qu'elles occupent, afin d'éviter les pertes liées à la non indemnisation des terrains non immatriculés en cas d'expropriation ;
- *changer de mentalité* pour *ne plus percevoir l'argent des indemnisations* comme « *un cadeau* », qui viendra à répétition, mais comme *un atout*, qui ne

vient qu'une seule fois pour assurer le remplacement des biens perdus par les investissements durables sur le long terme.

Voilà les principaux prix à payer pour que les projets dits « structurants » ne deviennent pas « déstructurants »[198], à cause des *effets pervers des indemnisations à la camerounaise.*

[198] Expression du sociologue camerounais V. Nga Ndongo, lors de la soutenance de thèse de doctorat/PhD de B. Nkengue Abéga (2016) du 21/06/2016, qui avait insinué que « ***les projets dits structurants sont à mon avis déstructurants***. *Ils font plus de mal que de bien à l'homme* ». Aussi devrait-on « *tout faire pour privilégier le riverain, qui a presque tout à perdre de par l'expropriation qui, quoiqu'importante, est néfaste en terme social* ».

BIBLIOGRAPHIE

1. Documents généraux (22)

Akoun, André ; Ansart, Pierre, *Dictionnaire de sociologie*, Paris, Seuil, 1999.

Balandier, Georges, *Sens et puissance. Les dynamiques sociales*, Paris, PUF, 1971.

Beitone, Alain ***et al***, *Dictionnaire de science économique*, Paris, Armand Colin, 2010.

Boudon, Raymond ***et al***, *Dictionnaire de la sociologie,* Paris, PUF, 1997.

Boyer, Robert, *Économie politique des capitalismes. Théorie de la régulation et des crises*, Paris, La Découverte, 1re édition en 1996, 2015.

Brutsch, Jean-René, « Les traités camerounais », in *Études camerounaises*, 47-48, mars-juin 1955, 1955.

droit-finances.commentcamarche.net/contents/1320-la-corruption-definition-et-sanctions (consulté le 25/09/2016).

droit-finances.commentcamarche.net/faq/24083-valeur-venale-definition (consulté le 04/09/2016).

Durkheim, Émile, *Les formes élémentaires de la vie religieuse. Le système totémique en Australie*, Paris, PUF, 5e édition, 1968.

Durkheim, E., *De la division du travail social*, Paris, PUF, 1re édition, 1930.

Grawitz, Madeleine, *Lexique des sciences sociales*, Paris, Dalloz, 8e édition, 2004.

Gurvitch, Georges, *La vocation actuelle de la sociologie*, Tome 1, Paris, PUF, 1968.

March, James ; Simon Herbert, '' Organizations '', in *American Political Science Review*, New York, Wiley, p.xi-262, 1958.

Mon lexique juridique/m.juriconsulte (consulté le 22/09/2016).

Potin, Yvan, *La gestion des conflits dans les organisations*, Paris, CREG, 2009.

Sociologie.revues.org/676 (consulté le 31/05/2017).

Stiglitz, Joseph Eugene, *Economics of the public sector*, New York, Norton, 3è édition, 1999.

www.fr.m.wikipedia.org/wiki (consulté le 29/04/2017).

www.larousse.fr (consulté le 29/04/2017).

www.toupie.org/dictionnaire (consulté le 16/05/ 2017).

Ziegler, Jean, *Retournez les fusils !* Manuel *de sociologie d'opposition*, Paris, Seuil, 1980.

Ziegler, Jean, *L'empire de la honte*, Paris, Fayard, 2005.

2. Documents spécifiques (53)

André de Laubadaire, *Traité de droit administratif*, Paris, LGDJ, 1970.

Banque mondiale, *Manuel opérationnel de la Banque mondiale, Politiques Opérationnelles P.O 4.12,* décembre 2001.

Beaudoux, Étienne *et al*, *Cheminements d'une action de développement. De l'identification à l'évaluation,* Paris, L'Harmattan, 1992.

Beck, Ulrich, *La société du risque. Sur la voie d'une autre modernité*, Paris, Flammarion, 2008.

Boiral, P. *et al*, *Paysans, experts et chercheurs en Afrique noire : sciences sociales et développement rural*, Paris, Karthala, 1985.

Cernea, Michael, « La sociologie des déplacements forcés : un modèle théorique », in *Communautés déracinées dans les pays du sud*, ORSTOM, n° 5, p.11-28, 1998.

Cernea, M., « Why economic analysis is essential to resettlement? A sociologist's view », in *The economics of Involuntary Resettlement: Questions and Challenges*, Washington DC, World Bank, p.5-38, 1999.

CRTV Bertoua, 2020, « Barrage de Lom Pangar : des pêcheurs équipés en matériel par le PRNV », Reportage audio du 27 août 2020 à 19 h 45.

Discours d'ouverture du 3e congrès ordinaire du RDPC, 15 septembre 2011.

Document de stratégie pour la croissance et l'emploi, 2008.

Dr Emadak, Alphonse (EDC), 2020, « Les mesures prises par EDC […] sur les défis environnementaux et sociaux du barrage de Lom Pangar. Extraits. », propos recueillis par Charles Mahop, in *le jour*, n° 3190 du 10 juin 2020, p.3.

EDC, *Plan de gestion environnementale et sociale,* version finale, 28 mars 2011.

Ela, Jean-Marc, *L'Afrique des villages*, Paris, Karthala, 1982.

Ela, J-M., *Quand l'État pénètre en brousse. Les ripostes paysannes à la crise*, Paris, Karthala, 1990.

Ela, J-M., *Innovations sociales et renaissance de l'Afrique noire. Les défis du monde « d'en bas »,* Paris, l'Harmattan, 1998.

Ela, J-M., *Guide pédagogique de formation à la recherche pour le développement en Afrique*, Paris, L'Harmattan, 2001.

Ella Ella, Samuel-Béni, *Quand le capitalisme cynégétique envahit la réserve du Dja. Étude de sociologie de la chasse déviante*, Yaoundé, PUY, 2014.

Ella Ella, S-B., *Pour un véritable développement durable de la boucle du Dja. Contribution à l'enracinement de l'écosociologie*, Yaoundé, PUY, 2016.

Étude d'impact économique et social du port en eaux profondes de Kribi, Rapport final, septembre 2010.

Essomba, Pierre Rostand, « Recasement des pygmées de Mboro », in *Cameroon-Tribune,* n° 11128/7327 du 1er juillet 2016, p.15.

Gangouap, Béatrice, « Projet de développement et problèmes des indemnisations pour cause d'expropriation », mémoire de maitrise en sciences sociales, UCAC, 2001.

Global Forest Watch ; SAILD, 2020, *Barrage hydro-électrique de Lom Pangar, coût socio-environnemental de l'électricité*, rapport, juin 2020.

Heuze, Gérard, « les grands projets d'aménagement et les déplacements de populations en inde. 88 dits d'acteurs oubliés », in *Revue tiers-monde*, n°133, janvier-mars, p.153-168, 1993.

Jay, Georges ***et al,*** *Projet hydroélectrique de Lom Pangar, plan d'indemnisation et de réinstallation. Composante usine hydroélectrique et ligne électrique,* rapport final, Oréade- Brèche, mars 2011.

Jamati, Claude, *La Corruption : Problématique et Solutions*, WBI (Atelier régional sur la réforme du secteur de l'eau et de l'assainissement en Afrique francophone), 2008.

Kambur, Ravi, « Économie du développement et principe de compensation », in *Revue internationale des sciences sociales,* n° 175, p.29-38, 2003.

Lamissa Kaikai, Olivier, « Ces pratiques qui font gonfler les enveloppes, fraudes, délits d'initiés, manipulations et malversations divers sont monnaie courante lors des indemnisations : projets d'intérêt public, le casse-tête des indemnisations », in *Cameroon-tribune,* saison 06, n° 10, juin 2015.

Mbami, Charles-Olivier, « Port de Kribi - De nouvelles révélations sur les indemnisations », in *La Nouvelle Expression,* n° 4684 du 12 mars 2018, p.3, 2008.

Mbassi-Bikele, Yvette, « Indemnisations à problèmes de Kribi et Bankim - 14 personnes à Kondengui », in *Cameroon- Tribune,* n° 11090/789 du 9 mai 2016, p.24, 2016.

Mbodiam, Brice R., « Révélations sur le retard de livraison du barrage de Mekin - Un projet dans l'étau des couacs », in *L'œil du Sahel,* n° 1208 du 24 avril 2019, p.6-7, 2019.

Mbong, Anicet, « Barrage hydro-électrique de Mekin : Paul Biya signe le développement local du Cameroun », in *Meyomessala Hebdo*, n° 025 du 3 août 2020, p.4, 2020.

Mbong, A., « Barrage hydro-électrique de Mekin : 34,5 milliards, 10 ans et toujours rien », in *Meyomessala Hebdo*, n° 025 du 3 août 2020, p.5, 2020.

Melone, Stanislas, *La parenté et la terre dans la stratégie de développement : l'expérience camerounaise, étude critique*, Paris, Klincksieck, 1972.

Mendouga, Fidelie, « Enjeux et incidences des indemnisations des populations riveraines des projets structurants au Cameroun. *Cas de Lom Pangar et de Mekin* », mémoire de master 2 en sociologie, UY1, 2017.

Mveng, Engelbert, *Mémoire sur l'expropriation des biens fonciers et indigènes de Douala présenté au conseil du contentieux du Cameroun*, Collection documents et archives pour l'histoire d'Afrique, série 1 : Cameroun, sd.

Ndombong, Hervé, « Construction du port de Kribi : 56 accusés attendent leur passage à la guillotine », in *Quotidien Émergence*, n° 1757 du 2 septembre 2020, p.5, 2020.

Nga Abena, Louis, « Fortune publique : 56 personnes à la barre pour les indemnisations du port de Kribi », in *Kalara*, n° 232 du 8 janvier 2018, p.5, 2018.

Nga, Michel Ange, « Barrage de Mekin. L'immense scandale », in *Essigan*, n° 203 du 24 mai 2019, p.6-7, 2019.

Nkengue Abéga, Brice, « De la marginalisation des communautés locales dans les projets structurants : les cas du port en eaux profondes de Kribi et du barrage hydro-électrique de Memve'ele au Sud-Cameroun », thèse de doctorat/PhD en sociologie, UY1, 2016.

Nkou Abina, Pierre, « Les conflits liés au processus d'implémentation des projets structurants : *Cas des indemnisations du complexe industrialo portuaire de Kribi* », mémoire de master 2, Yaoundé, UPAC, 2018.

Ntsa Tassi, Reine Famille, « La question des indemnisations et les revendications populaires au

Cameroun : le cas du complexe industrialo-portuaire de Kribi », mémoire de master 2 en sociologie, UY1, 2015.

Owona Bidi, Thaddée Xavier, « La prise en compte des aspects socio-environnementaux dans l'implémentation de projets structurants : cas du port en eau profonde de Kribi », mémoire de master 2 en sociologie, UY1, 2017.

Owona, J., *Droit administratif spécial de la République du Cameroun*, Paris, Edicef, 1975.

Owona, Joseph, « L'expropriation pour cause d'utilité publique », in *Encyclopédie juridique de l'Afrique noire,* tome cinquième : droit des biens, Les éditions africaines, Abidjan/ Dakar/Lomé, p.290, 1982.

Owona, J., *Domanialité publique et expropriation pour cause d'utilité publique au Cameroun*, Paris, L'Harmattan, 2012.

Plan d'action de réinstallation et d'indemnisation, Rapport définitif du 22 décembre 2010.

Projet hydroélectrique de Lom Pangar, évaluation environnementale et sociale, plan de gestion environnementale et sociale, Oréade-Brèche, Rapport, février 2012.

Rapport sur le processus des indemnisations et réinstallations de la composante barrage du projet hydroélectrique de Lom Pangar, décembre 2013.

Scudder, Thayer, « réflexion sur le déplacement des populations en relation avec la construction des barrages », in Conac Françoise, *Barrages internationaux et coopération*, Paris, Karthala, p253-281, 1996.

Tajon, Claude, 2020, « Lom Pangar. Deux ONG pointent les dégâts du barrage », in *le jour*, n° 3190 du 10 juin 2020, p.3, 2020.

Tchientcheu Njiako, André, *Droits fonciers urbains au Cameroun*, Yaoundé, PUA, 2003.

World Bank, *Involuntary resettlement sourcebook planning and implementation in development projects,* Washington, 2004.

www.dailynewscameroon.com/fr/justice-v-rit-s-et-contre-v-rit-s-sur-le-scandale-des-indemnisations-du-port-de-kribi/7806 (consulté le 24/03/2017).

3. Documents officiels (43)

Arrêté du 27 mars 1888 du gouvernement allemand relatif à *L'acquisition, la perte et la limitation des droits fonciers.*

Arrêté du 24 septembre 1901 relatif à *La voie ferrée « iwakopmund-windhilk ».*

Arrêté du 12 novembre 1903 du chancelier du « reich » pour *L'exécution de la section IX du décret impérial du 14/02/1903.*

Arrêté n° 404 du 25 octobre 1929 portant *Concessions des terres à des tiers.*

Arrêté n° 415 du 25 octobre 1929 portant *Attribution à titre définitif du lot n° 23, catégorie B, aux sieurs Victor et Antoine G. Chudiak.*

Arrêté n° 416 du 25 octobre 1929 portant *Rejet de la pétition des chefs et notables Douala contre leur expropriation du lotissement de Bali.*

Arrêté n° 0082/MINUH du 20 novembre 1987 fixant *les bases de calcul de la valeur vénale des constructions frappées d'expropriation pour cause d'utilité publique.*

Arrêté n° 0245/MINFI du 5 mars 2008 fixant *Les modalités d'application* du décret n° 2006/3023 du

26 décembre 2006 fixant *les modalités d'évaluation administrative des immeubles en matière fiscale.*

Arrêté n° 00414 du 13 mars 2009 portant *Déclaration d'utilité publique de la zone couvrant le projet de Lom-Pangar.*

Arrêté n° 00237 du 10 février 2012 fixant *les modalités de paiement des indemnités aux personnes victimes de destruction des biens lors des travaux de construction du barrage hydroélectrique de Lom Pangar.*

Charte africaine des droits de l'homme et des peuples, 1981.

Code civil (français).

Code civil (camerounais), 1981.

Déclaration des droits de l'homme et du citoyen du 28 août 1789.

Déclaration universelle des droits de l'homme des Nations unies, 1948.

Décret impérial allemand du 14 février 1903 sur *L'expropriation des biens-fonds dans les protectorats d'Afrique et de la Mer du Sud.*

Décret français du 11 août 1920 portant *Organisation du domaine et du régime des terres domaniales au Togo et au Cameroun.*

Décret français du 10 juillet 1922 portant *Règlement de la procédure d'expropriation pour cause d'utilité publique.*

Décret n°76/165 du 27 avril 1976 fixant *Les conditions d'obtention du titre foncier,* modifié et complété par le décret n° 200/481 du 16 décembre 2005.

Décret n°87/1872 du 16 décembre 1987 portant *Les modalités d'application de la loi n° 85/009 du*

4 juillet 1985 relative à la procédure d'expropriation pour cause d'utilité publique et aux modalités d'indemnisation.

Décret n° 0001 du 22 mars 1994 portant *Prix minima de vente des terrains domaniaux.*

Décret n°84/199 du 7 octobre 1994 portant *Statut général de la fonction publique de l'État.*

Décret n° 2003/418 du 25 février 2003 fixant *Les tarifs des indemnités à allouer aux propriétaires des cultures et arbres cultivés victimes d'expropriation pour cause d'utilité publique.*

Décret n° 2005/118 du 15 avril 2005 portant *Organisation du Ministère de l'Agriculture et du Développement rural (MINADER).*

Décret n°2006/3023 du 26 décembre 2006 fixant *Les modalités d'évaluation administrative des immeubles en matière fiscale.*

Décret n° 2012/0034 du 24 janvier 2012 portant *Indemnisation des personnes victimes de destruction des biens dans le cadre des travaux de construction du barrage hydroélectrique de Lom Pangar dans la région de l'Est.*

Décret n° 2012/1631 du 11 juin 2012 portant *Indemnisation des personnes victimes de destruction des biens dans le cadre des travaux de construction d'une mini centrale hydroélectrique sur une dépendance du domaine national, sis au lieu-dit Mekin, Arrondissement de Meyomessala, Département du Dja et Lobo.*

Décret n° 2012/1871 du 4 juillet 2012 portant *Indemnisation des personnes victimes de destruction des biens dans le cadre des travaux d'aménagement de la voie d'accès au site de la mini centrale hydroélectrique de Mekin, arrondissement de Meyomessala, Département du Dja et Lobo.*

Décret n° 2012/1872 du 4 juillet 2012 portant *Expropriation et allocation des indemnités aux personnes victimes de perte de droits fonciers et de destruction des biens dans le cadre des travaux de construction de la ligne d'évacuation de l'énergie électrique et de deux stations de transformation, sise au lieu dit Mekin, Arrondissement Meyomessala, Département du Dja et Lobo.*

Décret n° 2012/384 du 4 septembre 2012 portant *Organisation du Ministère du Développement urbain et de l'Habitat (MINDUH).*

Décret n° 2012/390 du 18 septembre 2012 portant *Organisation du Ministère des Domaines, du Cadastre et des Affaires foncières (MINDCAF).*

Décret n° 2016/1430 du 27 mai 2016 fixant *Les modalités d'organisation et de fonctionnement de la commission consultative en matière foncière et domaniale.*

Instruction n° 000005 du 29 décembre 2005 portant *Rappel des règles de base sur la mise en œuvre du régime de l'expropriation pour cause d'utilité publique.*

Loi n° 80/22 du 14 juillet 1980 portant *Répression des atteintes à la propriété foncière et domaniale.*

Loi n° 85/009 du 4 juillet 1985 relative à *L'expropriation pour cause d'utilité publique et aux modalités d'indemnisations.*

Loi n° 96/06 du 18 janvier 1996 portant *Révision de la Constitution du 2 Juin 1972.*

Loi n° 2004/017 du 22 juillet 2004 portant *Orientation de la décentralisation.*

Loi n° 2008/003 du 14 avril 2008 régissant *Les dépôts et consignations.*

Loi n° 2016/007 du 12 juillet 2016 portant *Code pénal.*

Ordonnance n° 71-1 du 6 juillet 1974 fixant *Le régime foncier.*

Ordonnance n° 74-2 du 6 juillet 1974 fixant *Le régime domanial.*

Ordonnance n° 74-3 du 6 juillet 1974 relative à *La procédure d'expropriation pour cause d'utilité publique et aux modalités d'indemnisation.*

Traité germano-Douala (Kamerun) du 12/07/1884 *entre 23 chefs indigènes Douala et les commerçants allemands.*

ANNEXES

ANNEXE 1 :

Liste des personnes interrogées

A- LES ACTEURS INSTITUTIONNELS DU PROJET DE KRIBI

N°	NOMS ET PRÉNOMS	QUALITÉ
1	AYINDA	Chef de service des Domaines à la délégation départementale du MINDCAF de l'Océan
2	ETOUA Franck Jean	Délégué départemental des Travaux publics de l'Océan
3	EYOBO MBONJO Aurélien	1er adjoint préfectoral de Kribi
4	MPILA	Responsable du pôle infrastructures du CIPK
5	TAGNE	Responsable du pôle environnement du CIPK
6	TIANGUEU Michel	Délégué départemental du MINEP de l'Océan
7	--------------------	Chef du bureau des affaires générales à la délégation départementale du MINADER de l'Océan
8	--------------------	Délégué départemental du MINEPAT de l'Océan

B- LES POPULATIONS RIVERAINES EXPROPRIÉES DU PROJET DE KRIBI

N°	NOMS ET PRÉNOMS	QUALITÉ
1	BESSEBO Basile	Chef de village de Dipègnidjé
2	ESSONGO Daniel	Notable de Lolabé
3	IVAHA Théodore	Notable de Mboro
4	MAHAMA IKAKA Caïus	Notable de Lolabé
5	MASSOKO Louis Patrice	Notable de Lolabé
6	MBOME Raoul	Pêcheur de Mboro
7	MBOUMEDJI Téclaire	Directrice de l'école maternelle de Lolabé
8	MEKOUNDE Roger	SG de l'amicale des chefs traditionnels de l'Océan
9	MEME Jean Calvin	Pêcheur de Lolabé
10	MOUKOKO EKITIKE Benjamin	Agriculteur de Lolabé
11	OYOVI IKAKA François	Notable de Mboro
12	TCHELE Marie Christiane	Agricultrice de Lolabé

C- LES PERSONNES-RESSOURCES DU PROJET DE LOM-PANGAR

N°	Noms et Prénoms	Qualité
1	ABAKAR	Pêcheur de New Lom Pangar
2	ADJIDZA NEME	Cultivatrice de New Lom Pangar
3	BABA Celestin	Agriculteur de New Lom Pangar
4	BADJAMA Odette	Cultivatrice de New Lom Pangar
5	BAGARI KOUNDE Roger	Agriculteur de New Lom Pangar
6	BALLA Jean Olivier	Agriculteur de New Lom Pangar
7	BATOURI Roger II	Agriculteur de New Lom Pangar
8	BENDEKE Louis	Agriculteur de New Lom Pangar
9	BONE Dieudonné	Agriculteur de New Lom Pangar
10	DODO FAROUKOU	Chef du village New Lom Pangar
11	HAMADOU Jean	Agriculteur de New Lom Pangar
12	ISSA DEBRAZZA BIRE	Agriculteur de Haman
13	KELLA Justine	Cultivatrice de New Lom Pangar
14	KOULAGNA	Agriculteur de New Lom Pangar
15	KOULAYA Appolinaire	Agriculteur de New Lom Pangar
16	LEBETI Celine	Commerçante de Ouami
17	LETINA KANTOU Théodore	Agriculteur de Haman

18	MASSOUSSI Pierre Julio	Chargé de la mise en œuvre et du suivi des compensations au projet de construction du barrage de Lom-Pangar (Représentation PGES/EDC Bertoua)
19	MBOM Joseph	Chef du village Ouami
20	MBOULA Joseph	Agriculteur de Haman
21	NDJALLO Tobie de Dieu	Commerçant de New Lom Pangar
22	NDOKE Joseph	Agriculteur de Déoulé
23	SAMBA Gilbert	Chef du village Déoulé
24	SAMBO Alexis Dieudonné	Employé EDC de New Lom Pangar
25	SEDAKO Martin	Agriculteur/notable de New Lom Pangar
26	ZATTAO Jean Pierre	Agriculteur de Haman

D - LES PERSONNES-RESSOURCES DU PROJET DE MEKIN

N°	Noms et Prénoms	Qualité
1	ABE Ferdinand	Conseiller municipal/Agriculteur de Nyabizou
2	ABESSOLO EFFANGONO Jean Pierre	Agriculteur de Bissombo
3	AKOMZO'O OVENDO'O Joseph	Agriculteur d'Ekok
4	ASSANGONO Marie Thérèse	Cultivatrice de Mekin
5	ATYI MVINA Alphonse	Agriculteur de Mekin
6	AYOLO EYANG Jean Paul	Agriculteur d'Ekok
7	BAH Salomon II	Agriculteur de Bissombo
8	BATEBONGO Jeanne épouse NGO'O	Cultivatrice d'Ekok
9	BENGONO EYENGA Martin	Agriculteur de Bissombo
10	BIWOLE André	Chef du village Awo'an
11	BOLO Dieudonné	Agriculteur d'Ekok
12	EBA ZE épouse EKOTO	Piscicultrice et cultivatrice d'Ekok
13	EBO'O EMANE	Agriculteur de Biton
14	EDOU ANGATTE Samuel	Agriculteur de Nyabizou
15	EKONLO Alexis	Agriculteur de Biton
16	ENGOUTOU René	Chef du village Bissombo

17	ESSAMA ABONDO Joël Aristide	Agriculteur de Bissombo
18	ESSO ATYI	Chef du village Biton
19	ESSOUMA AKONO Clément	Chef de la cellule des études, de la prospective et de la coopération d'Hydro-Mekin/Ex coordonnateur du projet hydroélectrique de Mekin.
20	ETUA Bertin	Agriculteur de Biton
21	FOUMAN NGOMO Pierre Claver	Agriculteur de Mekomo
22	KABEYENE NGOMO Siriac	Agriculteur de Mekomo
23	MBAMINGA Jeanne	Cultivatrice de Biton
24	MBARGA MBARGA Simplice	Agriculteur de Mekomo
25	MBONLOUOU Thomas	Agriculteur de Bissombo
26	MEDOU Gaston	Agriculteur de Biton
27	MEKE NTYAMA David	Agriculteur de Mekomo
28	MENDOUA Alain Serge	Agent d'Hydro-Mekin (natif de Mekin)
29	MENGUE NTYAMA Anne	Cultivatrice de Mekomo
30	MENYOUMOU NTYENE Paul	Agriculteur de Biton
31	MESSELE Marc	Pasteur EPC/Agriculteur de Kam
32	Mme veuve MEDJANGOMO	Cultivatrice de Mekomo
33	MVONDO Justin Hilaire	Employé d'Hydro-Mekin (natif de Mekin)

34	MVONDO ZE Jean Marie	Chef du village Mekin
35	NDONGO ZE	Agriculteur d'Ekok
36	NGO ONN Marie	Cultivatrice d'Ekok
37	NKANEMBANG ZE	Pisciculteur/agriculteur de Mekomo
38	NKANEMBANG Samson	Chef du village Nyabizou
39	NKOULOU BEDJEME	Agriculteur d'Ekok
40	NKOULOU EMANE Samson	Chef du village Kam
41	NLAMELOUOU Sylvie	Cultivatrice d'Ekok
42	OKOUM ZO'O Jean Félix	Agriculteur de Nyabizou
43	OYOMO André	Agriculteur d'Ekok
44	ZHE Rémy	Agriculteur de Nyabizou

ANNEXE 2 :

Extrait décret d'indemnisations allouées aux personnes victimes de destruction des biens dans le cadre des travaux de construction de la ligne d'évacuation d'énergie électrique et de deux stations de transformation (Mekin)

REPUBLIQUE DU CAMEROUN — PAIX - TRAVAIL – PATRIE

DECRET N° 2012/1872 /PM DU 04 JUIL 2012

PRESIDENCE DE LA REPUBLIQUE — VISA — 000051 — 31 MAI 2012 — PRESIDENCY OF THE REPUBLIC

portant expropriation et allouant des indemnités aux personnes victimes de perte de droits fonciers et de destruction des biens dans le cadre des travaux de construction de la ligne d'évacuation d'énergie électrique et de deux stations de transformation, sise au lieu-dit Mékin, Arrondissement de Meyomessala, Département du Dja et Lobo.-

LE PREMIER MINISTRE, CHEF DU GOUVERNEMENT,

Vu la Constitution ;

Vu la loi n°85/09 du 04 juillet 1985 relative à l'expropriation pour cause d'utilité publique et aux modalités d'indemnisation ;

Vu l'ordonnance n° 74/1 du 06 juillet 1974 fixant le régime foncier, modifiée et complétée par l'ordonnance n°77/1 du 10 janvier 1977 ;

Vu l'ordonnance n° 74/2 du 06 juillet 1974 fixant le régime domanial, modifiée et complétée par l'ordonnance n°77/2 du 10 janvier 1977 ;

Vu le décret n°87/1872 du 16 décembre 1987 portant application de la loi n°85/09 du 04 juillet 1985 susvisée ;

Vu le décret n°92/089 du 04 mai 1992 fixant les attributions du Premier Ministre, Chef du Gouvernement, modifié et complété par le décret n° 95/145 bis du 04 août 1995 ;

Vu le décret n° 2003/418/PM du 25 février 2003 fixant le tarif des indemnités à allouer aux propriétaires victimes de destruction pour cause d'utilité publique des cultures et d'arbres cultivés ;

Vu le décret n° 2011/408 du 09 décembre 2011 portant organisation du Gouvernement ;

Vu le décret n° 2011/409 du 09 décembre 2011 portant nomination d'un Premier Ministre, Chef du Gouvernement ;

Vu le décret n°2012/041 du 24 janvier 2012 portant classement au domaine public artificiel de terrains nécessaires aux travaux de construction d'une ligne d'évacuation d'énergie électrique et de deux stations de transformation, sise au lieu-dit Mékin, Arrondissement de Meyomessala, Département du Dja et Lobo ;

Vu l'arrêté n°000832 Y.15.1/MINUH/D00 du 20 novembre 1987 fixant les bases de calcul de la valeur des constructions frappées d'expropriation pour cause d'utilité publique ;

Vu l'arrêté n° 000404/Y.14.4/MINDAF/D410 du 25 mai 2010 déclarant d'utilité publique les travaux de construction d'une ligne d'évacuation d'énergie électrique de 63 KV et de deux stations de transformation sur une dépendance du domaine national d'une distance de 40 Km², sise au lieu-dit MEKIN, Arrondissement de Meyomessala, Département du Dja et Lobo ;

Vu le dossier technique y afférent,

D E C R E T E:

ARTICLE 1er.- Est frappé d'expropriation pour cause d'utilité publique, le titre foncier n° 2146/DL, appartenant à Monsieur AKO'O Joseph René et Consorts, sur un terrain d'une superficie de 34 956 m² sis au lieu-dit Ndjom Yekombo, Département du Dja et Lobo

	TOTAL BIBAS	**61 905 323**
	VILLAGE ANDO'O YEBAE	
11	EBALE BITOUMOU Pierre	409 214
	TOTAL ANDO'O YEBAE	**409 214**
	VILLAGE MEZA'A II	
12	EVINA AKO'O Thomas	1 559 862
13	EVINA AKO'O Thomas	4 027 931
14	EVINA AKO'O Thomas	368 177
15	AKO'O Joseph René	1 340 819
16	AKO'O Joseph René	2 108 346
	TOTAL MEZA'A II	**9 405 134**
	VILLAGE NDJOM YEKOMBO	
17	OKEKE OKEKE Pierre	810 830
18	ZE ZE	454 772
	TOTAL NDOM YEKOMBO	**1 265 603**
TOTAL GENERAL CONSTRUCTION		**74 657 592**
	TOTAL GLOBAL **259 838 022 (deux cent cinquante neuf millions huit cent trente huit mille vingt deux) FCFA**	

ARTICLE 4.- La dépense résultant des dispositions du présent décret sera imputée au budget du Ministère de l'Economie, de la Planification et de l'Aménagement du Territoire et mandatée aux bénéficiaires par les soins de la Société Mekin Hydroelectric Development Corporation (HYDRO-MEKIN).

ARTICLE 5.- Le présent décret sera enregistré, puis publié au Journal Officiel en français et en anglais./-

Yaoundé, le 04 JUIL 2012

PRESIDENCE DE LA REPUBLIQUE
VISA
000151 31 MAI 2012
PRESIDENCY OF THE REPUBLIC

LE PREMIER MINISTRE,
CHEF DU GOUVERNEMENT,

Philemon YANG

ANNEXE 3 :

Correspondance adressée à monsieur le sous-préfet de l'arrondissement de Bengbis, faisant état des problèmes sociaux des populations expropriées des villages Nyabizou et Awo'an (Mekin)

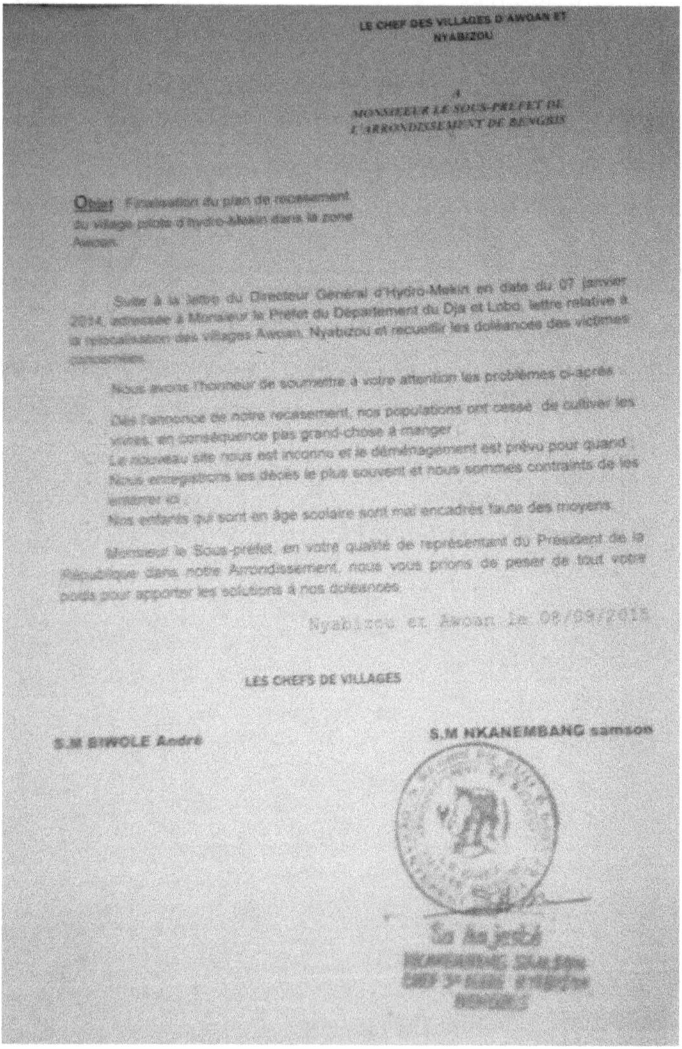

LE CHEF DES VILLAGES D'AWOAN ET NYABIZOU

A

MONSIEUR LE SOUS-PREFET DE L'ARRONDISSEMENT DE BENGBIS

Objet : Finalisation du plan de recasement du village pilote d'hydro-Mekin dans la zone Awoan.

Suite à la lettre du Directeur Général d'Hydro-Mekin en date du 07 janvier 2014, adressée à Monsieur le Préfet du Département du Dja et Lobo, lettre relative à la relocalisation des villages Awoan, Nyabizou et recueillir les doléances des victimes concernées.

Nous avons l'honneur de soumettre à votre attention les problèmes ci-après :

Dès l'annonce de notre recasement, nos populations ont cessé de cultiver les vivres, en conséquence pas grand-chose à manger ;

Le nouveau site nous est inconnu et le déménagement est prévu pour quand ;

Nous enregistrons les décès le plus souvent et nous sommes contraints de les enterrer ici ;

Nos enfants qui sont en âge scolaire sont mal encadrés faute des moyens.

Monsieur le Sous-préfet, en votre qualité de représentant du Président de la République dans notre Arrondissement, nous vous prions de peser de tout votre poids pour apporter les solutions à nos doléances.

Nyabizou et Awoan le 08/09/2018

LES CHEFS DE VILLAGES

S.M BIWOLE André

S.M NKANEMBANG samson

Sa Majesté

ANNEXE 4 :

Correspondance adressée au Directeur général d'Hydro-Mekin, faisant état des problèmes sociaux des populations expropriées du village Nyabizou (Projet de Mekin)

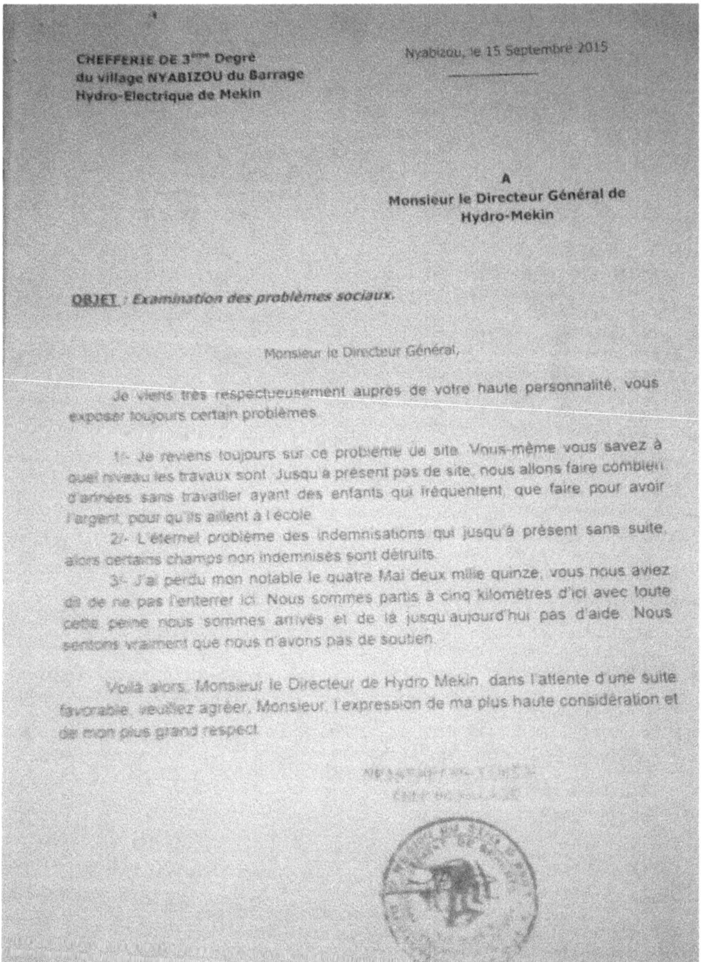

CHEFFERIE DE 3ème Degré
du village NYABIZOU du Barrage
Hydro-Electrique de Mekin

Nyabizou, le 15 Septembre 2015

A
Monsieur le Directeur Général de
Hydro-Mekin

OBJET : *Examination des problèmes sociaux.*

Monsieur le Directeur Général,

Je viens très respectueusement auprès de votre haute personnalité, vous exposer toujours certain problèmes.

1/- Je reviens toujours sur ce problème de site. Vous-même vous savez à quel niveau les travaux sont. Jusqu'à présent pas de site, nous allons faire combien d'années sans travailler ayant des enfants qui fréquentent, que faire pour avoir l'argent, pour qu'ils aillent à l'école.

2/- L'éternel problème des indemnisations qui jusqu'à présent sans suite, alors certains champs non indemnisés sont détruits.

3/- J'ai perdu mon notable le quatre Mai deux mille quinze, vous nous aviez dit de ne pas l'enterrer ici. Nous sommes partis à cinq kilomètres d'ici avec toute cette peine nous sommes arrivés et de là jusqu'aujourd'hui pas d'aide. Nous sentons vraiment que nous n'avons pas de soutien.

Voilà alors, Monsieur le Directeur de Hydro Mekin, dans l'attente d'une suite favorable, veuillez agréer, Monsieur, l'expression de ma plus haute considération et de mon plus grand respect.

ANNEXE 5 :

Extrait du décret portant indemnisation des personnes victimes de destruction des biens dans le cadre des travaux de construction du barrage hydroélectrique de Lom Pangar

REPUBLIQUE DU CAMEROUN — **PAIX - TRAVAIL – PATRIE**

PRESIDENCE DE LA REPUBLIQUE
VISA
000006 19 JAN 2012
PRESIDENCY OF THE REPUBLIC

DECRET N° 2012/0034 **/ PM DU** 24 JAN. 2012
portant indemnisation des personnes victimes de destruction des biens dans le cadre des travaux de construction du barrage hydroélectrique de Lom Pangar dans la Région de l'Est.

LE PREMIER MINISTRE, CHEF DU GOUVERNEMENT,

Vu la Constitution ;
Vu la loi n°85/09 du 04 juillet 1985 relative à l'expropriation pour cause d'utilité publique et aux modalités d'indemnisation ;
Vu l'ordonnance n°74/1 du 06 juillet 1974 fixant le régime foncier, modifiée et complétée par l'ordonnance n°77/1 du 10 janvier 1977;
Vu l'ordonnance n°74/2 du 06 juillet 1974 fixant le régime domanial, modifiée et complétée par l'ordonnance n°77/2 du 10 janvier 1977;
Vu le décret n°87/1872 du 16 décembre 1987 portant application de la loi n°85/09 du 04 juillet 1985 susvisée ;
Vu le décret n°92/089 du 04 mai 1992 précisant les attributions du Premier Ministre, modifié et complété par le décret n°95/145 bis du 04 août 1995 ;
Vu le décret n°2011/408 du 09 décembre 2011 portant organisation du Gouvernement ;
Vu le décret n°2011/409 du 09 décembre 2011 portant nomination d'un Premier Ministre, Chef du Gouvernement ;
Vu le décret n°2012/034 du 19 janvier 2012 portant classement au domaine public artificiel des terrains nécessaires aux travaux de construction du barrage hydroélectrique de Lom Pangar dans la Région de l'Est ;
Vu le décret n° 2003/418/PM du 25 février 2003 fixant des indemnités à allouer aux propriétaires victimes de destruction pour cause d'utilité publique des cultures et d'arbres cultivés ;
Vu l'arrêté n°00832/Y.15.1/MINUH/D00 du 20 novembre 1987 fixant les bases de calcul de la valeur vénale des constructions frappées d'expropriation pour cause d'utilité publique ;
Vu l'arrêté n°00414 Y.144/MINDAF//D410/ du 13 mars 2009 déclarant d'utilité publique les travaux de construction du barrage hydroélectrique de Lom Pangar dans la Région de l'Est, modifié et complété par l'Arrêté n° 000005/Y.14.4/MINDAF/D410 du 18 janvier 2010 ;
Vu le dossier technique y afférent,

D E C R E T E:

ARTICLE 1er.- Il est alloué aux personnes ci-après désignées, victimes de destruction des biens dans le cadre des travaux de construction du barrage hydroélectrique de Lom Pangar, une indemnité d'un montant total **d'un milliard deux cent cinquante cinq millions cent soixante deux mille cent vingt (1 255 162 120) francs CFA**, répartie conformément aux tableaux ci-dessous :

LISTE DES PERSONNES A INDEMNISER DANS L'ARRONDISSEMENT DE BELABO				
Valeur des biens à indemniser				
N°	Noms et Prénoms	Cultures	Constructions et autres mises en valeur (cases, pêcheurs, éleveurs)	TOTAL
1	PORO David	1 071 700	0	1 071 700
2	ABBA KOURA	2 272 300	0	2 272 300
3	HALA RAMADAN	3 765 000	0	3 765 000
4	ABOUBAKAR YADJI	5 829 500	1 200 000	7 029 500
5	NYAGNA KONGO	825 000	0	825 000
6	KOULAGNA	4 229 400	4 020 000	8 249 400
7	OUSMANOU SAORI	1 339 000	1 220 000	2 559 000
8	SAIDOU SAORI	2 921 875	4 200 000	7 121 875
9	DODO FAROUKOU	11 939 400	5 620 000	17 559 400
10	BABA Célestin	10 827 900	3 620 000	14 447 900
11	NARMAY Pierre	6 035 000	0	6 035 000
12	ADIZA Nene	44 000	2 400 000	2 444 000
13	MAHORO Patricia	3 267 500	0	3 267 500
14	SAIDOU Bouba	1 780 000	0	1 780 000
15	DOUI DONG Yves	2 735 600	3 020 000	5 755 600
16	BEDA André	699 400	3 020 000	3 719 400
17	HAMAYADJI	1 847 000	2 400 000	4 247 000
18	SALI ADAMOU	1 925 000	4 820 000	6 745 000
19	TSING Pierre	6 572 400	1 400 000	7 972 400
20	NGO NDEBI MANDENG	8 191 000	1 200 000	9 391 000
21	BAGARI KOUNDE R.	3 067 250	2 420 000	5 487 250
22	DANJOUMA ABBO	720 000	1 600 000	2 320 000
23	BATOURI Roger	2 056 400	1 200 000	3 256 400
24	NDANGA Roger	2 481 000	3 000 000	5 481 000
25	SAMBO Alexis	1 650 000	2 400 000	4 050 000
26	TAMAI Thérèse	5 040 700	0	5 040 700
27	KOMBO Pierre	7 057 500	1 420 000	8 477 500
28	NDANGA Armand	1 999 250	1 400 000	3 399 250
29	NGOZO Emmanuel	962 500	2 420 000	3 382 500
30	BAPETEL SOUAIBOU	4 455 000	2 800 000	7 255 000
31	NDOE Augustin	17 543 100	2 800 000	20 343 100
32	MAHOULE Gilbert	655 800	0	655 800
33	HAMASSELBE R.	5 645 000	2 620 000	8 265 000
34	TIKI YOUSSOUFA	598 500	1 600 000	2 198 500
35	BELOKO Jean	2 175 600	0	2 175 600
36	BEDA NARMA	2 758 700	0	2 758 700
37	BENDEKE Louis	431 600	200 000	631 600
38	BADAK DITTIDIKE	2 068 600	0	2 068 600
39	HAMADOU AHIDJO	1 520 750	2 800 000	4 320 750
40	ILLIASSA	1 265 000	0	1 265 000
41	APANDEBOKE Léonie	290 000	0	290 000
42	FARKOU KOMBO	10 799 900	2 400 000	13 199 900
43	KOULAGNA DOWE .A	4 169 400	2 600 000	6 769 400
44	MAMBESSE Marceline	3 245 500	0	3 245 500
45	BALLA JEAN O.	748 500	3 000 000	3 748 500
46	ATAZOURMBA J.	3 185 000	1 200 000	4 385 000

2

660	NANA Rosalie	0	300 000	300 000
661	OUSMAN Moussa	0	300 000	300 000
662	DOKO Désiré	0	300 000	300 000
663	MOUSSA DJAE	0	300 000	300 000
664	ZARI Nadège	0	300 000	300 000
	TOTAL LONDI	**0**	**3 500 000**	**3 500 000**
665	FOUDA ZANGA	0	300 000	300 000
666	EVINA SOLA	0	300 300	300 000
667	BAZAMA Rosalie	0	300 000	300 000
668	DIDI OUMAROU	0	300 000	300 000
669	HASSA HOHO	0	300 000	300 000
670	ALI Gilbert	0	300 000	300 000
671	NDOE Roger	0	300 000	300 000
672	DENG Marie Chantal	0	300 000	300 000
673	NGOMNA Abdoulaye	0	300 000	300 000
674	BODOL Gilbert	0	300 000	300 000
	TOTAL KINTA	**0**	**3 000 000**	**3 000 000**
675	SOGBOA Matthieu	0	300 000	300 000
676	HAITO MBARBE Godefroy	0	300 000	300 000
677	YELLEM Jean Marie	0	300 000	300 000
678	SAMBA Grégoire	0	300 000	300 000
679	BARKOU DOKO Samuel	0	300 000	300 000
680	MANGA NYANDONG R	0	300 000	300 000
681	SEDAKO Xavier	0	300 000	300 000
682	PATOUMA Pauline	0	300 000	300 000
683	TENMBAR ISSA	0	300 000	300 000
684	DINDO Reine	0	300 000	300 000
	TOTAL BELI CAMP	**0**	**3 000 000**	**3 000 000**

TOTAL INDEMNISATION ARRONDISSEMENT DE BETARE OYA	**CULTURES**	**CONSTRUCTIONS ET AUTRES MISES EN VALEUR**	**TOTAL**
	510 302 745	**209 410 000**	**719 712 745**

MONTANT GENERAL DES INDEMNISATIONS DANS LES ARRONDISSEMENTS DE BELABO ET BETARE OYA	**CULTURES**	**CONSTRUCTIONS ET AUTRES MISES EN VALEUR**	**TOTAL (FCFA)**
	853 422 120	**401 740 000**	**1 255 162 120**
MONTANT TOTAL	***Un milliard deux cent cinquante cinq millions cent soixante deux mille cent vingt (1 255 162 120) francs CFA***		

PRESIDENCE DE LA REPUBLIQUE
VISA
19 JAN 2012
PRESIDENCY OF THE REPUBLIC

Article 2.- Les indemnisations résultant des dispositions de l'article 1er ci-dessus sont à la charge de la Société ELECTRICITY DEVELOPMENT CORPORATION (EDC).

Article 3.- Les modalités de paiement desdits indemnités seront définies par arrêté du Ministre chargé des Domaines.

Article 4.- Le présent décret sera enregistré et publié selon la procédure d'urgence, puis inséré au Journal Officiel en français et en anglais./-

Yaoundé, le 24 JAN. 2012

PRESIDENCE DE LA REPUBLIQUE
VISA
000006 19 JAN 2012
PRESIDENCY OF THE REPUBLIC

Le PREMIER MINISTRE,
CHEF DU GOUVERNEMENT,

Philemon YANG

ANNEXE 6 :

Arrêté fixant les modalités de paiement des indemnités aux personnes victimes de destruction des biens lors des travaux de construction du barrage hydroélectrique de Lom Pangar

REPUBLIQUE DU CAMEROUN Paix - Travail - Patrie -------- MINISTERE DES DOMAINES, DU CADASTRE ET DES AFFAIRES FONCIERES --------	REPUBLIC OF CAMEROON Peace - Work - Fatherland -------- MINISTRY OF STATE PROPERTY, SURVEYS AND LAND TENURE --------

ARRETE N° 00237 /MINDCAF/SG/D1/D14/D142 DU 10 FEV 2012
fixant les modalités de paiement des indemnités aux personnes victimes de destruction des biens lors des travaux de construction du barrage hydroélectrique de Lom Pangar dans la Région de l'Est.

LE MINISTRE DES DOMAINES, DU CADASTRE ET DES AFFAIRES FONCIERES,

Vu la Constitution ;
Vu la loi n° 85/09 du 04 juillet 1985 relative à l'expropriation pour cause d'utilité publique et aux modalités d'indemnisation et son décret d'application n° 87/1872 du 16 décembre 1987 ;
Vu l'ordonnance n° 74/1 du 06 juillet 1974 fixant le régime foncier, modifiée et complétée par celle n° 77/1 du 10 janvier 1977 ;
Vu l'ordonnance n° 74/2 du 06 juillet 1974 fixant le régime domanial, modifiée et complétée par celle n° 77/2 du 10 janvier 1977 ;
Vu le décret n° 2005/178 du 27 mai 2005 portant organisation du Ministère des Domaines et des Affaires Foncières ;
Vu le décret n°2006/407 du 29 novembre 2006 portant création de la société Electricity Development Corporation (EDC) ;
Vu le décret n°2011/408 du 09 décembre 2011 portant organisation du Gouvernement ;
Vu le décret n°2011/410 du 09 décembre 2011 portant formation du Gouvernement ;
Vu le décret n° 2012/034 du 19 janvier 2012 portant classement au domaine public artificiel des terrains nécessaires aux travaux de construction du barrage hydroélectrique de Lom Pangar dans la Région de l'Est ;
Vu le décret n° 2012/0034 du 24 janvier 2012 portant indemnisation des personnes victimes de destruction des biens dans le cadre des travaux de construction du barrage hydroélectrique de Lom Pangar dans la Région de l'Est ;
Vu le dossier souche,

ARRETE :

Article 1er: Le paiement des indemnités dues aux personnes visées par les dispositions de l'article 3 du décret n°2012/0034 du 24 janvier 2012 susvisé est ordonnancé par décision du Directeur Général de la Société Electricity Development Corporation (EDC).

Article 2: Il est effectué par le billeteur ad hoc désigné par la décision visée à l'article 1er ci-dessus, qui assure les diligences y afférentes, au sein de la commission de supervision des opérations de paiement des indemnités dues aux victimes de destruction des biens lors des travaux de construction du barrage hydroélectrique de Lom Pangar dans la Région de l'Est, ci-après désigné « la Commission ».

Article 3: Cette commission comprend :

- un organe de supervision ;
- une unité opérationnelle.

Article 4: L'organe de supervision générale des travaux de la commission est chargé notamment de:

- procéder à une large diffusion des décrets n°2012/034 du 19 janvier 2012 et n°2012/0034 du 24 janvier 2012 susvisés ;
- de définir les modalités de paiement conformément à la législation financière en vigueur ;
- sensibiliser les populations sur les modalités de paiements des indemnités ;
- lancer les opérations de paiement des indemnisations aux bénéficiaires ou des ayants droit ;
- veiller à la sécurisation des bénéficiaires et des fonds en mouvements ;
- procéder à l'évaluation périodique des travaux de l'unité opérationnelle, apurer les opérations d'indemnisation et de clôturer les travaux de la commission.

Article 5 : (1)- Ladite Commission est composée ainsi qu'il suit :

- Président : le Ministre des Domaines, du Cadastre et des Affaires foncières ou son représentant ;
- 1er Vice-président : le Gouverneur de la Région de l'Est ou son représentant ;
- 2ème Vice-Président : le Directeur Général de la Société Electricity Development Corporation (EDC) ou son représentant.
- Rapporteurs :
  - le Directeur des Domaines ou son Représentant ;
  - le Directeur du Projet de construction du barrage hydroélectrique de Lom Pangar ou son représentant.

- Membres :
  - le Préfet du Département de Lom et Djerem ;
  - le Sous-directeur des Expropriations et des Indemnisations
  - un Représentant de la Société EDC ;
  - les Députés concernés ;
  - les Maires de Belabo et de Betare Oya ;
  - le Billeteur ad hoc.

(3)- Le Président peut, à titre consultatif, faire appel à toute autre personne en raison de ses compétences.

Article 6: L'Unité opérationnelle assiste l'organe de supervision dans l'accomplissement des ses missions et conduit les opérations matérielles de paiement des indemnités dues aux bénéficiaires ou à leurs ayants droit. A ce titre, elle a pour missions notamment de.

- veiller par tous les moyens à l'identification stricte des bénéficiaires ou des ayants droit ;
- veiller au paiement effectif des bénéficiaires ou ayants droit ;
- s'assurer de la bonne tenue des fiches d'émargement.
- rédiger les procès-verbaux quotidiens des travaux à soumettre à la validation de l'organe de supervision.

Article 7: (1)- L'unité opérationnelle est composée ainsi qu'il suit :
- Coordonateur : le Directeur du Projet ou son représentant;
- Rapporteur : - le Délégué Régional du MINDCAF de la Région de l'Est ;
  - le Billeteur ad hoc ;

- Membres : - le Chef de Service des Indemnisations du Ministère chargé des Domaines ;
  - les Sous-Préfets des Arrondissements de Belabo et de Betare Oya ;
  -deux représentants des sous-commissions techniques d'expertise instituées au sein de la commission de constat et d'évaluation visée par l'arrêté de déclaration d'utilité publique n°00414 du 13 mars 2009;
  - les Chefs Traditionnels des villages concernées.

Article 8 : Les membres des sous-commissions techniques d'expertise et les représentants d'EDC sus-évoqués seront désignés respectivement par le Gouverneur de la Région de l'Est et le Directeur Général d'EDC.

Article 9: La Commission se réunit sur convocation de son Président. Les convocations auxquelles est joint le calendrier des travaux, doivent parvenir aux membres de la commission, au moins cinq (05) jours avant la date prévue.

Article 10 : La commission dresse un rapport final au terme des opérations de paiement.

Article 11 : (1) Les fonctions de Président, de membre, de rapporteur de la Commission sont gratuites. Toutefois, ceux-ci peuvent bénéficier des facilités de travail.

(2) Les dépenses relatives au fonctionnement de la Commission sont prises en charge par la Société EDC.

Article 12: Le présent arrêté sera enregistré, puis publié et communiqué partout ou besoin sera./-

Yaoundé, le 10 FEV 2012

Le Ministre des Domaines, du Cadastre et des Affaires Foncières

Le Ministre

Jacqueline Koung à Bessike

Ampliations:
- SG/PM
- G/R/EST
- DG/EDC
- DDOM
- DRDCAF/EST
- DDDCAF/Lom et Djerem
- TOUS LES MEMBRES CONCERNES
- Chrono /Archives.-

TABLE DES MATIÈRES

REMERCIEMENTS 11

LISTE DES ABRÉVIATIONS, ACRONYMES ET SIGLES.13

SOMMAIRE.. 17

PRÉFACE.. 19

INTRODUCTION GÉNÉRALE
Samuel-Béni ELLA ELLA 23

Première partie LA POLITIQUE CAMEROUNAISE DES INDEMNISATIONS 31

CHAPITRE 1er LA LÉGISLATION CAMEROUNAISE RELATIVE À L'INDEMNISATION POUR CAUSE D'EXPROPRIATION
Fidélie MENDOUGA et Pierre NKOU ABINA 35

A. Aperçu historique des indemnisations au Cameroun......35

B. La législation nationale.. 38

1. Les dispositions constitutionnelles sur les indemnisations 39

2. Les conventions internationales ratifiées par le Cameroun sur les indemnisations 40

3. Les lois et règlements nationaux relatifs aux indemnisations 41

a. Les garanties légales du droit à l'indemnisation et les préalables de l'expropriation........................ 43

b. La matérialisation de la stratégie d'indemnisation en droit camerounais 50

c. Les modalités de paiement des indemnisations et les garanties de voies de recours........................ 55

C. La *politique opérationnelle OP 4.12* de la Banque mondiale 57

1. Les objectifs poursuivis et les impacts couverts par la *politique opérationnelle OP 4.12*....................................59
a. Les objectifs poursuivis par la *politique opérationnelle OP 4.12* 59
b. Les impacts couverts par la politique opérationnelle OP 4.12..60
2. Les critères d'éligibilité des biens et des personnes à compenser d'après la *politique opérationnelle OP 4.12*...62
a. Dans le cas du retrait involontaire permanent............63
b. Dans le cas du retrait involontaire temporaire............65
3. Les modalités de calcul des compensations selon la *politique opérationnelle OP 4.12*....................................66
a. Le principe général de compensation.........................66
b. Les modalités de calcul des compensations pour la perte de terre, des constructions et d'autres mises en valeur..67
D. Comparaison entre les dispositions nationales et la *politique opérationnelle OP 4.12* de la B.M. 68
1. Les points de convergence..68
2. Les points de divergence..69
CHAPITRE 2 LES STRATÉGIES CAMEROUNAISES D'INDEMNISATION DES POPULATIONS EXPROPRIÉES À KRIBI, LOM PANGAR ET MEKIN
Fidélie MENDOUGA et Pierre NKOU ABINA 71
A. Les acteurs institutionnels des indemnisations au Cameroun 71
1. Les administrations impliquées dans la procédure d'indemnisation au Cameroun..71
a. Le ministère des Domaines, du Cadastre et des Affaires foncières (MINDCAF)...................................72
b. Le ministère de l'Administration territoriale et de la Décentralisation (MINATD) et le ministère de l'Agriculture et du Développement rural (MINADER).74
c. Le ministère du Développement urbain et de l'Habitat (MINDUH)...74

2. Les principaux acteurs impliqués dans la procédure d'indemnisation au Cameroun 75
B. La particularité des indemnisations effectuées à Kribi...77
1. Les principes sous-tendant les indemnisations des populations expropriées de Mboro et Lolabé...................77
a. Les principes généraux des indemnisations de Mboro et Lolabé...77
b. Les principes sous-tendant la stratégie de réinstallation et de compensation..78
2. Les barèmes de compensation 86
a. Les terres cultivables 87
b. Les cultures vivrières 87
c. Les cultures pérennes 90
d. Les bâtiments 94
3. L'évaluation des indemnisations et des compensations99
a. Évaluation des indemnisations et des compensations de tous les biens individuels dans tous les sites.................99
b. Indemnisation par village..99
c. Compensations collectives des villages hôtes 101
C. La spécificité des indemnisations effectuées à Lom Pangar...104
1. Les principes sous-tendant les indemnisations des populations expropriées de Lom Pangar.......................104
a. Les principes généraux des indemnisations de Lom Pangar...104
b. Les principes relatifs à l'éligibilité des biens et des personnes à indemniser dans le cadre de la construction du barrage de Lom Pangar 105
2. Les formes de compensation et la stratégie de paiement des indemnisations dans le cadre de la construction du barrage de Lom Pangar 107
a. Les formes de compensations allouées aux populations riveraines du barrage de Lom Pangar..........................107
b. La stratégie de paiement des indemnisations allouées aux populations expropriées de Lom Pangar 110

D. La spécificité des indemnisations des populations expropriées du projet de construction du barrage de Mekin....114
1. La stratégie d'évaluation des biens frappés d'expropriation et les critères d'éligibilité des personnes et des biens à indemniser dans le cadre du projet de Mekin....115
a. Les critères d'éligibilité des biens et des personnes destinées à recevoir une indemnisation dans le cadre du projet de Mekin....115
b. La stratégie d'évaluation des biens frappés d'expropriation dans le cadre du projet de Mekin....116
2. La stratégie de paiement des indemnisations aux populations expropriées du projet de Mekin....117
a. Les préalables du paiement des indemnisations aux populations expropriées de Mekin....117
b. La stratégie de paiement des indemnisations aux populations expropriées de Mekin....118
Deuxième partie SOCIOLOGIE CRITIQUE DES INDEMNISATIONS DE KRIBI, LOM PANGAR ET MEKIN....123
CHAPITRE 3 LES CONFLITS LIÉS AUX INDEMNISATIONS DE MBORO ET LOLABÉ (KRIBI)
Pierre NKOU ABINA....127
A. Typologie des conflits liés aux indemnisations de Mboro et Lolabé....127
1. Les conflits liés à la législation sur les indemnisations....128
a. Le conflit relatif à l'anachronisme de la mercuriale des indemnisations....128
b. Le conflit lié à la non-prise en considération des arbres fruitiers sauvages....129
2. Le conflit entre les populations et les autorités administratives....130
3. Le conflit entre les populations riveraines et l'État relatif à la superficie de la zone déclarée d'utilité publique....132

4. Les conflits au sein des familles 133
B. Les facteurs profonds des conflits liés aux indemnisations à Mboro et Lolabé 134
1. Les facteurs endogènes des conflits observés à Mboro et Lolabe 134
a. La non-sensibilisation des populations par les élites politiques locales...135
b. La corruption des chefs traditionnels 136
c. La non-dénonciation des actes de corruption des chefs traditionnels et des fonctionnaires par les riverains 138
d. La préférence du rôle d'auxiliaire d'administration au détriment de celui de chef traditionnel.........................138
e. L'individualisme des populations riveraines............139
f. L'ignorance de la législation sur les indemnisations par les riverains 140
2. Les facteurs exogènes des conflits observés à Mboro et Lolabe 141
a. Le non-respect de l'éthique et de la déontologie administrative...142
b. La mauvaise application de la législation par les fonctionnaires de l'État 143
c. La non-protection des populations locales par l'État148
d. La corruption des fonctionnaires de l'État 151
e. L'anachronisme de la législation sur les indemnisations 156
CHAPITRE 4 UN PAYS, DEUX SYSTÈMES D'INDEMNISATION : LES INCIDENCES LIÉES AUX INDEMNISATIONS DES PROJETS STRUCTURANTS DE LOM PANGAR ET MEKIN
Fidélie MENDOUGA...159
A. Les incidences économiques des indemnisations des populations riveraines des barrages de Lom Pangar et de Mekin 159
A1. Les pertes économiques enregistrées par les populations indemnisées 160
1. La perte des frais d'indemnisation.............................160

2. La perte des activités génératrices de revenus (AGR) 161
a. La perte temporaire de l'activité agricole 162
b. La baisse de l'activité de chasse 162
c. La perte de l'activité piscicole 163
d. La perte des activités de ramassage et de cueillette des produits forestiers non ligneux (PFNL) 165
3. Les pertes de cultures 166
a. La perte de cultures causée par la non-indemnisation de certaines plantations, des plantes médicinales et des cultures pérennes 168
b. La perte de cultures causée par la sous-évaluation des plantations 179
c. La perte de cultures due à l'enregistrement des plantations des personnes absentes aux noms d'autres bénéficiaires 182
4. La perte des terres cultivables 182
5. La perte des constructions 186
a. La perte des logements privés 186
b. La perte des services sociaux publics 188
c. La perte d'autres mises en valeur 189
6. La mutation de l'activité paysanne et l'augmentation du taux d'oisiveté 191
7. L'insécurité alimentaire 195
A2. La perte des capitaux publics alloués aux indemnisations des populations riveraines expropriées 197
1. La surévaluation des biens frappés d'expropriation et la perte des capitaux publics alloués aux indemnisations des populations riveraines expropriées 198
2. De l'existence des « noms fictifs » au pillage du BIP consacré aux indemnisations 199
B. Les incidences psycho-socio-anthropologiques des indemnisations des populations riveraines des barrages de Lom Pangar et de Mekin 203
B1. Les pertes socio-anthropologiques liées aux indemnisations des populations riveraines de Lom Pangar et de Mekin 203

1. La perte des lieux et sites sacrés 203
2. La perte de l'identité culturelle 207
3. La dégradation des rapports sociaux et la dépravation des mœurs 208
4. La résurgence des phénomènes déviants 211
5. L'augmentation de la morbidité et de la mortalité des populations expropriées 213
6. La montée des litiges fonciers dans les communautés expropriées et recasées..217
B2. Les incidences psycho-sociologiques des indemnisations des populations riveraines de Lom Pangar et Mekin.........219
1. Les affections psychologiques liées aux indemnisations des populations expropriées de Lom Pangar et de Mekin 219
2. Les problèmes liés à la réinstallation des populations expropriées de Lom Pangar et Mekin 222
EN GUISE DE BILAN : L'IMPORTANCE CRUCIALE DE L'EXPERTISE PSYCHO-SOCIO-ANTHROPOLOGIQUE DANS LES PROCÉDURES D'INDEMNISATION
Samuel-Béni ELLA ELLA 227
BIBLIOGRAPHIE 243
ANNEXES 255
ANNEXE 1 : Liste des personnes interrogées 257
ANNEXE 2 : Extrait décret d'indemnisations allouées aux personnes victimes de destruction des biens dans le cadre des travaux de construction de la ligne d'évacuation d'énergie électrique et de deux stations de transformation (Mekin)....264
ANNEXE 3 : Correspondance adressée à monsieur le sous-préfet de l'arrondissement de Bengbis, faisant état des problèmes sociaux des populations expropriées des villages Nyabizou et Awo'an (Mekin) 266
ANNEXE 4 : Correspondance adressée au Directeur général d'Hydro-Mekin, faisant état des problèmes sociaux des populations expropriées du village Nyabizou (Projet de Mckin)...267

ANNEXE 5 : Extrait du décret portant indemnisation des personnes victimes de destruction des biens dans le cadre des travaux de construction du barrage hydroélectrique de Lom Pangar 268

ANNEXE 6 : Arrêté fixant les modalités de paiement des indemnités aux personnes victimes de destruction des biens lors des travaux de construction du barrage hydroélectrique de Lom Pangar 272

Structures éditoriales du groupe L'Harmattan

L'Harmattan Italie
Via degli Artisti, 15
10124 Torino
harmattan.italia@gmail.com

L'Harmattan Hongrie
Kossuth l. u. 14-16.
1053 Budapest
harmattan@harmattan.hu

L'Harmattan Sénégal
10 VDN en face Mermoz
BP 45034 Dakar-Fann
senharmattan@gmail.com

L'Harmattan Cameroun
TSINGA/FECAFOOT
BP 11486 Yaoundé
inkoukam@gmail.com

L'Harmattan Burkina Faso
Achille Somé – tengnule@hotmail.fr

L'Harmattan Guinée
Almamya, rue KA 028 OKB Agency
BP 3470 Conakry
harmattanguinee@yahoo.fr

L'Harmattan RDC
185, avenue Nyangwe
Commune de Lingwala – Kinshasa
matangilamusadila@yahoo.fr

L'Harmattan Congo
67, boulevard Denis-Sassou-N'Guesso
BP 2874 Brazzaville
harmattan.congo@yahoo.fr

L'Harmattan Mali
ACI 2000 - Immeuble Mgr Jean Marie Cisse
Bureau 10
BP 145 Bamako-Mali
mali@harmattan.fr

L'Harmattan Togo
Djidjole – Lomé
Maison Amela
face EPP BATOME
ddamela@aol.com

L'Harmattan Côte d'Ivoire
Résidence Karl – Cité des Arts
Abidjan-Cocody
03 BP 1588 Abidjan
espace_harmattan.ci@hotmail.fr

Nos librairies en France

Librairie internationale
16, rue des Écoles
75005 Paris
librairie.internationale@harmattan.fr
01 40 46 79 11
www.librairieharmattan.com

Librairie des savoirs
21, rue des Écoles
75005 Paris
librairie.sh@harmattan.fr
01 46 34 13 71
www.librairieharmattansh.com

Librairie Le Lucernaire
53, rue Notre-Dame-des-Champs
75006 Paris
librairie@lucernaire.fr
01 42 22 67 13

www.ingramcontent.com/pod-product-compliance
Lightning Source LLC
LaVergne TN
LVHW050641051026
849532LV00002B/483
* 9 7 8 2 3 4 3 2 3 8 6 4 7 *